Français · 2^e cycle du primaire

Danielle Lefebvre
Directrice de collection

Nathalie Chevalier · Fannie Lupien

Manuel C

CEC

LES ÉDITIONS CEC INC.

8101, boul. Métropolitain Est, Anjou, Qc, Canada H1J 1J9
Téléphone : (514) 351-6010 Télécopieur : (514) 351-3534

Directrice de l'édition
Carole Lortie

Directrice de la production
Danielle Latendresse

Directrice de la coordination
Isabel Rusin

Chargée de projet et réviseure
Monique Boucher

Correctrices d'épreuves
Jacinthe Caron, Marielle Chicoine, Pierra Vernex

Conception graphique et réalisation technique
Matteau Parent graphisme et communication inc.
• Mélanie Chalifour

Recherche de textes
Nadine Fortier

Conception des activités *Double clic*
Marie-France Laberge

Consultation

Dominique Cardin, conseillère pédagogique
au primaire, commission scolaire des Affluents

Yolande Legault, enseignante au 2e cycle, école
Lajoie, commission scolaire Marguerite-Bourgeoys

Dans cet ouvrage, la féminisation des titres de
fonctions et des textes s'appuie sur des règles
d'écriture proposées par l'Office de la langue
française dans le guide *Au féminin,* Les publications
du Québec, 1991.

Les Éditions CEC inc. remercient le gouvernement
du Québec de l'aide financière accordée à l'édition
de cet ouvrage par l'entremise du Programme de
crédit d'impôt pour l'édition de livres, administré
par la SODEC.

© 2002, Les Éditions CEC inc.
8101, boul. Métropolitain Est
Anjou (Québec) H1J 1J9

Dépôt légal: 2e trimestre 2002
Bibliothèque nationale du Québec
Bibliothèque nationale du Canada

ISBN 2-7617-1871-2

Imprimé au Canada
1   2   3   4   5   06   05   04   03   02

Signification des symboles

 : document reproductible

 : travail à faire en coopération

 : tâche pouvant être accomplie
à l'ordinateur

 : carnet de lecture, dans lequel on
consigne ses impressions après la lecture
de textes littéraires et courants

 : activité d'enrichissement

 : atelier, où l'on propose des exercices
pour renforcer les nouvelles
connaissances

 : portfolio, dans lequel on peut ranger
les documents considérés comme
importants

Degré de difficulté des textes

 : texte facile   : texte un
peu plus
difficile   : texte
plus
difficile

Les personnages

le lièvre la tortue

Le lièvre et la tortue s'adresseront à toi de temps en temps. Ils te poseront des questions ou te donneront des conseils pour t'aider dans tes apprentissages.

Sarah Félix

Sarah et Félix te feront découvrir le monde fascinant du livre et de la culture.

Les rubriques

À vos plumes

Situation d'écriture

Clés en main

Activités de grammaire, de vocabulaire,
d'orthographe, de syntaxe et de ponctuation

Double clic

Activités à l'ordinateur

Projet

Tâche complexe dans laquelle on te propose
de réaliser un projet

La culture, c'est comme les confitures...

Petit dossier culturel

Table des matières

Unité 9
Sur les ailes d'un conte

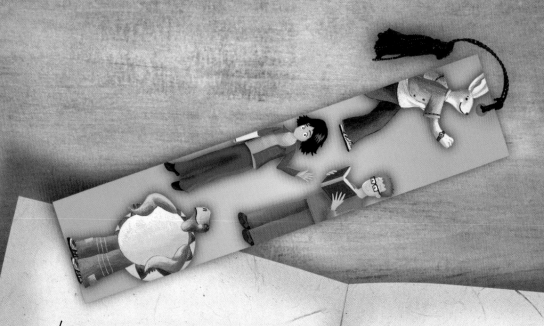

Le 4 septembre

Déjà la rentrée ! Les vacances ont semblé bien courtes ! Je m'ennuyais tout de même un peu de mon école. De madame Bouchard, la concierge, par exemple : avec son grand sourire et ses beaux bonjours le matin, elle sait nous faire commencer la journée du bon pied.

Aujourd'hui, j'ai reçu mon nouveau manuel de français. Il semble vraiment intéressant. J'y ai découvert plusieurs genres de textes avec de belles illustrations : des bandes dessinées, des documentaires, des contes... Plein d'activités y sont offertes : de l'écriture, de la lecture, de la communication orale, des projets... Il y a aussi des activités de grammaire qui nous permettront de mieux comprendre la langue écrite.

Notre enseignante nous a demandés de choisir le texte qui nous intriguait le plus. Nous avons eu un long échange : on aurait dit que chaque élève avait une idée différente !

Finalement, une belle année scolaire s'annonce...

Archibald Thorburn (1860-1935),
Arthur Duke of Wellington

Que de différences !

Des dessins qui racontent une histoire, des personnages qui dialoguent dans des bulles : voilà les éléments nécessaires pour créer une bande dessinée.

Dans cette unité, tu exploreras la bande dessinée, un genre que tu connais sûrement. Tu auras l'occasion de lire des bandes dessinées et, même, d'en inventer ! En plus, tu réfléchiras sur le thème de la différence.

Tu participeras aussi à un projet fort intéressant : analyser les messages véhiculés dans une bande dessinée, un jeu vidéo ou un dessin animé. Quel beau défi : apprendre en s'amusant ! Ne laisse pas passer une telle occasion. Bonne rentrée !

« Si nous n'étions pas si différents, nous n'aurions pas si grand plaisir à nous entendre. »

(André Gide)

Des yeux pour voir

Lis d'abord la bande dessinée présentée ci-dessous, pour le plaisir. Puis, observe les enfants dans la bibliothèque. Qu'ont-ils en commun? Qu'est-ce qui les différencie? Attarde-toi ensuite aux moyens visuels utilisés par le bédéiste: observe les bulles, le caractère du texte, le texte lui-même.

Yves Boudrault, bédéiste

Joue maintenant au ou à la détective! Sors ta loupe et découvre les huit différences entre la bande dessinée présentée ci-dessus et celle qui se trouve sur la feuille qu'on te remettra. Place-toi avec un ou une autre élève pour faire cette activité.

4

Roberval Kid et la ruée vers l'art est un roman présenté d'une façon originale. Pourquoi? Lis l'extrait suivant pour le découvrir. Tu pourras ensuite discuter de ta lecture avec tes camarades.

Roberval Kid et la ruée vers l'art

Un jour, Roberval Kid, sa sœur Alma et son ami Dolbeau découvrent une galerie secrète. Cette découverte les mènera jusqu'à l'ex-shérif Macintosh, subitement converti en vendeur prospère d'œuvres d'art. Quel est donc le secret de l'ex-shérif? C'est le mystère que Roberval et Dolbeau chercheront à élucider.

Chapitre 5

JE ME DOUTAIS BIEN QUE VOUS ALLIEZ VENIR, TRÈS CHER ROBERVAL !

– N'est-ce pas une magnifique machine ? s'extasie Macintosh en montrant sa prétendue beauté mécanique.

– Qu'est-ce que c'est ? demande Roberval, totalement incrédule devant ce monstre.

– Comment, Roberval, nargue Macintosh, vous, le nouveau shérif, l'homme de la situation qui se doit de tout connaître, vous ne savez pas ce que c'est ?

– C'est un lave-vaisselle, lui répond le Kid, qui aimerait clouer le bec à ce Macintosh de malheur.

– Vous n'y êtes pas du tout.

– Un micro-ondes, rétorque Roberval.

– Quoi encore ? Une tondeuse à gazon, peut-être ?

– J'allais le dire.

– Ce n'est rien de tout cela, mon jeune ami. Vous avez devant vous Picasso !

– Picasso ! Cette boîte de conserve ! Picasso, l'artiste dont on s'arrache les toiles et les gribouillis, c'est cette machine grosse comme une locomotive à vapeur et plus laide qu'un caniche fraîchement tondu comme un arbuste de banlieue.

– Eh oui ! Cette machine, belle comme une journée de printemps, est Picasso, le premier micro-artdinateur.

– Un micro-artdinateur ! Ce mastodonte ! Vous êtes myope comme une taupe. Votre machine est énorme.

– C'est que vous n'avez pas vu la première version. Elle était plus grosse que le Stade olympique. Le modèle que vous avez devant vous est de la deuxième génération et il est quasiment portatif.

– Si vous appelez portatif tout ce que cent chevaux peuvent tirer, alors je vous crois. Sauf que vous n'allez pas me faire avaler que ce tas de ferraille peut peindre des tableaux de si grande qualité.

– Soyez plus moderne et plus ouvert à l'évolution technologique, mon cher. Si un singe ou une queue d'âne peut peindre une toile, une machine peut le faire également et beaucoup mieux que d'autres. Je vais, de ce pas, vous faire une démonstration.

6

– La machine dépasse l'homme, Roberval. Nous n'aurons plus qu'à appuyer sur quelques boutons et les artdinateurs créeront des chefs-d'œuvre.

– Des chefs-d'œuvre que vous vendez à des prix exorbitants... Que diraient tous les collectionneurs s'ils savaient que vos toiles sont fabriquées par une machine?

– Ils le sauront bientôt. Je dévoilerai le fruit de mon invention dès que les Picasso seront reconnus à travers le monde. Après avoir constaté la grande qualité de ces tableaux, ils ne pourront qu'admettre le génie de la machine. D'ailleurs, j'ai déjà mis au courant certains grands collectionneurs qui veulent leur micro-artdinateur personnel. Je travaille sur une autre machine que j'appellerai Gauguin.

Roberval, devant tant de nouveauté, ne perd toujours pas le nord ni son latin. Il en a déjà vu d'autres. L'invention de l'ouvre-boîte électrique, par exemple, a bouleversé le monde, pas Roberval, dont la première réaction fut: «C'est bien, un ouvre-boîte électrique, mais maintenant il faudrait inventer l'électricité.»

– Cette ruée vers l'art fait votre affaire et elle n'est pas l'effet du hasard. Vous inventez une machine, ce qui doit prendre un temps fou pour un ex-shérif qui n'a pas réussi sa maternelle. Puis vous laissez traîner un Picasso dans la mine en pensant bien que quelqu'un va le découvrir. La nouvelle se répand. Les chercheurs d'art, avides, arrivent. Vous laissez passer quelques jours, le temps que les chercheurs d'art reviennent bredouilles de leurs fouilles. Ils sont devenus fébriles et ils donneraient leur chemise pour un bout de toile. Puis, comme par magie, vous ouvrez une galerie et vous leur vendez des Picasso.

— Pour un shérif amateur, vous avez l'imagination fertile, cher Roberval. Mais tout cela n'est que pure coïncidence!

— Je ne crois pas que toute cette mise en scène soit une coïncidence et je crains pour vous que les chercheurs d'art aussi ne le croiront pas, monsieur l'ex-shérif.

Source: Rémy Simard, *Roberval Kid et la ruée vers l'art*, p. 50-60.
© Éditions Pierre Tisseyre, 1993. Reproduit avec la permission de COPIBEC.

1. Placez-vous en équipe de trois pour discuter à partir des questions données. Chaque membre de l'équipe devra jouer un des rôles suivants: un animateur ou une animatrice; un ou une secrétaire; un ou une porte-parole.

a) Quel est le sens des mots et des expressions en couleur?

b) Pourquoi cette histoire est-elle originale?

c) Quel est le secret de l'ex-shérif Macintosh?

d) Que pensez-vous de la façon dont il agit?

e) Comment trouvez-vous cette histoire: drôle, amusante, effrayante, etc.? Expliquez votre réponse par un exemple du texte.

2. Observez maintenant les illustrations de l'extrait.

a) Qu'est-ce qui vous frappe chez Roberval? chez l'ex-shérif?

b) De quelle façon ces personnages sont-ils présentés?

c) Selon vous, à quoi servent les illustrations de ce roman?

Présentez vos réponses en grand groupe.

3. Individuellement, donne tes impressions sur cette histoire dans ton carnet de lecture. Puis, copie une phrase, une expression ou quelques mots qui t'ont plu.

Pablo Picasso (1881-1973)
Sculpteur et peintre espagnol, il a été un chef de file de l'art moderne. Dans ses œuvres cubistes, Picasso décompose l'objet, morceau par morceau, de façon à reproduire sur la toile, en même temps, le dessus, le dessous, le dedans, le dehors...

Clés en main

Mes mots

ah!	clarté	découper	personnage
album	colorer	déplacement	planche
animer	coloriage	film	télévision
bande dessinée	colorier	filmer	vignette
blague	conversation	hélas!	
boîte	crayon	humeur	
bulle	crayonner	humour	
cadre	créateur	imagination	
caractère	créatrice	oh!	
caractéristique	création	original	
case	créature	originale	
clair	créer	pensée	
claire	découpage	penser	

> On écrit souvent **BD** plutôt que **bande dessinée**. Il s'agit d'un sigle.

1. À l'aide du tableau *Mes mots*, effectue les tâches demandées.

a) Classe tous les mots dans un tableau semblable à celui-ci. Ajoute un déterminant devant chaque nom.

Noms	Adjectifs	Verbes	Mots invariables
un album	clair	animer	ah!

b) Remplis un tableau semblable au suivant en plaçant deux mots dans chacune des colonnes.

Double consonne	Accent	s = [z]	c = [s]

c) Trouve quatre mots qui appartiennent à la même famille.

2. Consulte maintenant ton dictionnaire pour effectuer les tâches suivantes.

a) Trouve un mot de la même famille que chacun des mots suivants : *animer, blague, conversation, imagination, original*.

b) Trouve cinq mots qui commencent par un *h* muet (comme *hélas, humeur* et *humour*).

3. Lis la bande dessinée suivante. Tu constateras que l'auteure a utilisé plusieurs onomatopées, ces transcriptions écrites de bruits ou de sons.

Caroline Merola, bédéiste

À ton tour de faire preuve d'imagination ! Trouve une onomatopée qui correspond à :

a) des pleurs ;

b) une porte qui se ferme ;

c) un soupir de soulagement ;

d) une sonnerie de téléphone ;

e) des coups frappés à la porte ;

f) des ronflements.

4. Crée une bande dessinée de trois ou quatre vignettes. Utilise quelques onomatopées dans ton histoire.

10

Tu connais probablement de nombreux titres de bandes dessinées, mais en connais-tu les créateurs et créatrices? Voici de courtes biographies de quatre d'entre eux. Lis-les pour découvrir ce qui les caractérise. Tu pourras ensuite t'amuser à reconstituer une BD.

Des bédéistes à découvrir

Hergé

Georges Rémi a choisi le pseudonyme *Hergé* à cause de ses initiales, qu'il a inversées (R. G.). Il est né à Etterbeek, en Belgique, le 22 mai 1907. Dès son plus jeune âge, il se passionne pour les crayons et le papier. Déjà, à sept ans, il dessine dans ses cahiers scolaires les aventures d'un petit garçon héroïque. Il s'inspirera de ses nombreux voyages à l'étranger pour créer les aventures de Tintin. Atteint de leucémie, il mourra en 1983.

Pour souligner son grand succès, les autorités de la ville de Bruxelles ont érigé, en 1976, un monument en l'honneur de Tintin et de son inséparable chien Milou. Pour sa part, la Société Belge pour l'Astronomie a baptisé une petite planète située entre Mars et Jupiter du nom de *Hergé*, afin de lui rendre hommage.

Nicole Lambert

Née à Paris en 1948, Nicole Lambert passe son enfance à dessiner et à écrire des histoires. Après des études en arts, elle devient styliste et designer pour enfants en créant des jouets, des meubles, des vêtements, etc. À cette époque, elle est déjà illustratrice, vendant ses dessins à des magazines pour adultes. En 1983, elle publie sa première bande dessinée: c'est la naissance des *Triplés*. Le succès est tel qu'elle se consacrera dorénavant entièrement au métier de bédéiste.

Passionnée par la littérature jeunesse et son histoire, Nicole Lambert collectionne les livres et les dessins anciens et vit aujourd'hui entourée d'enfants, qu'elle observe inlassablement.

Jean Roba

Jean Roba voit le jour à Bruxelles, en Belgique, le 28 juillet 1930. À l'école, il aime bien le dessin. Il fait ses études en décoration et en dessin de mode. Sur le marché du travail, il s'investit dans l'art du vitrail, dans la photogravure et dans la publicité, avant de se lancer sérieusement dans la création de bandes dessinées.

Dans les années 1950, il collabore à plusieurs albums dont *Astérix*, *Lucky Luke* et *Gaston Lagaffe* ainsi qu'au *Journal de Spirou*. Il crée ensuite les fameux personnages de Boule et Bill, qui vivent toutes sortes d'aventures loufoques. Ces deux personnages lui sont inspirés par son propre fils et son cocker! Les aventures de Boule et Bill ont été traduites en 14 langues.

Tristan Demers

Né en 1972 à Montréal, Tristan Demers dessine depuis son tout jeune âge. Très tôt, il raffole déjà des bandes dessinées européennes. Tristan Demers crée Gargouille alors qu'il n'a que dix ans.

Adolescent, il rencontre Uderzo (le créateur d'Astérix), de passage au Québec. Un enfant, témoin de cette rencontre, va vers eux et demande un autographe à... Tristan Demers. Uderzo trouve la situation plutôt comique, lui qui vend des centaines de milliers d'albums par année!

Tristan Demers possède de multiples talents de communicateur: il a été tour à tour illustrateur, bédéiste, chroniqueur, journaliste et reporter. Il anime des ateliers pour les jeunes et participe à des Salons du livre un peu partout dans le monde.

1. Les quatre bédéistes qui t'ont été présentés ont tous quelque chose de particulier. Que dirais-tu de réaliser une petite fiche sur chacun d'eux pour les comparer? Tu pourrais ainsi recueillir des renseignements importants sur ces quatre personnes et coller ces fiches dans ton carnet de lecture. Pour t'aider dans ce travail, utilise le modèle de fiche qu'on te remettra. Puis, trouve le sens des mots en couleur.

2. Place-toi avec deux ou trois élèves pour effectuer la tâche suivante.

Dans une bande dessinée, les images et le texte doivent se compléter parfaitement pour permettre une bonne compréhension de l'histoire. Cela signifie que le lecteur ou la lectrice doit porter attention autant aux illustrations qu'au texte. Voilà pourquoi le lien entre les images et le texte est si important.

Pour que tu puisses bien comprendre cette idée, Tristan Demers a réalisé une bande dessinée qu'il nous a envoyée en pièces détachées. Ton équipe devra donc replacer les bulles dans les cases appropriées. Utilisez la feuille qu'on vous remettra pour faire ce travail.

Tristan Demers, bédéiste

Clés en main

Le nom et le groupe du nom

1. En équipe de deux, lisez ce texte une première fois.

Les mangas

Les mangas sont des bandes dessinées japonaises. Leurs créateurs et créatrices s'appellent des *mangakas*.

Les premiers mangas ont été créés au Japon au cours du vingtième siècle. Il existe des mangas pour tous les âges. Ils font rire, ils font peur ou ils racontent simplement des histoires de tous les jours. Malheureusement, certains mangas se résument parfois à des textes courts et violents.

Aujourd'hui, les mangas sont connus dans le monde entier : en France, au Canada, aux États-Unis... Plusieurs Québécois et Québécoises, surtout des jeunes, aiment ces bandes dessinées.

En japonais, *manga* signifie *image dérisoire*.

a) Expliquez en une phrase ce que sont les mangas.

b) Relisez le texte pour y trouver tous les noms. Dressez-en une liste en distinguant les noms propres des noms communs.

2. a) Au numéro 1, quelle stratégie avez-vous utilisée pour reconnaître les noms propres ?

b) Parmi les noms propres trouvés, lesquels nomment des lieux géographiques ?

c) Lesquels nomment des populations ou des peuples ?

d) Quelles autres réalités peuvent nommer les noms propres ? Donnez des exemples de chacune de ces réalités. Comparez votre réponse à la définition donnée dans la rubrique *Je comprends* (p. 16).

3. Au numéro 1, quelles stratégies avez-vous utilisées pour reconnaître les noms communs?

4. Repérez les groupes du nom (GN) dans le texte *Les mangas* (p. 15). Pour ce faire, retournez à la liste de noms communs que vous avez dressée. Cherchez les déterminants et les adjectifs qui accompagnent ces noms dans le texte. Puis, remplissez un tableau semblable à celui-ci :

Déterminants	Noms	Adjectifs
les	mangas	

5. a) Formez six GN à partir des noms *peur* et *rire*. Accompagnez chaque nom d'un déterminant et d'un des adjectifs suivants : *bleu, éclatant, maladif, moqueur, morbide, nerveux.* Consultez votre dictionnaire pour vérifier le sens des expressions trouvées.

b) Choisissez deux de ces GN et composez une phrase avec chacun d'eux.

Je comprends

Le nom
Le nom est le mot le plus important (le noyau) du groupe du nom. On distingue le nom commun et le nom propre.

Le **nom commun** est un mot variable qui sert à nommer plusieurs réalités. Il est généralement précédé d'un déterminant. Il donne son genre et son nombre aux mots qui l'accompagnent (déterminants et adjectifs). Le **nom propre** commence par une lettre majuscule. En plus de désigner des personnes (ex. : **A**lexis) et des animaux (ex. : **M**ilou), il sert à nommer des lieux géographiques (ex. : **Q**uébec) et des peuples (ex. : **Q**uébécois).

Le groupe du nom
Un groupe du nom peut être formé :

• d'un nom seul (ex. : **Francis** lit des bandes dessinées.);

• d'un déterminant et d'un nom (ex. : Ils racontent **des histoires**.);

• d'un déterminant, d'un nom et d'un ou de plusieurs adjectifs qui suivent ou précèdent le nom (ex. : Ils sont connus dans **le monde entier**.).

La différence amène parfois certaines personnes à vivre des situations désagréables. Lis l'extrait suivant. Il s'agit des aventures de Yakari, un petit garçon très sympathique. Observe les réactions de chacun des personnages face à la différence. Fais ensuite les tâches demandées : réponds aux questions et participe à une discussion en équipe.

Yakari et l'étranger

Source : Derib et Job, *Yakari et l'étranger*, p. 28-29. © Casterman, 1982.

1. Trouve le sens des expressions qui sont en couleur dans la BD. Puis, réponds aux questions suivantes :

a) Quelle est l'idée principale de cet extrait ?

b) Que penses-tu de la réaction des castors (et des autres animaux) ?

c) Selon toi, comment l'ami de Yakari se sent-il ? Quel est le mot du texte qui nous indique le sentiment qu'il éprouve ?

d) Dans la deuxième vignette, quelles différences remarques-tu entre les mots *lui* et *nous* et le reste du texte de la vignette ? Qu'est-ce que cela signifie ?

e) Toi, qu'aurais-tu fait à la place de Yakari ? Pourquoi ?

2. Il vous est peut-être déjà arrivé de vivre des situations où il y avait de l'injustice ou d'être témoins de telles situations. Qu'avez-vous fait à ce moment-là ? Si c'était à refaire, agiriez-vous de la même façon ? Que feriez-vous autrement ?

Document reproductible 6

Placez-vous en équipe de quatre pour discuter de ces questions. On vous remettra une feuille sur laquelle se trouvent des pistes de discussion. Nommez un animateur ou une animatrice, un ou une secrétaire, un gardien ou une gardienne du temps et un ou une porte-parole. Répondez ensuite à toutes les questions. Vous aurez l'occasion de partager vos réponses avec les membres des autres équipes.

3. Quelles traces aimerais-tu laisser de cette activité ? Tu peux peut-être dessiner un des personnages et écrire un commentaire. Parle de ce qui te plaît davantage, mais n'oublie pas de noter la source de cette bande dessinée au cas où tu voudrais l'emprunter à la bibliothèque.

À vos plumes

Yakari et l'étranger... la suite !

Après avoir discuté et avoir partagé tes idées sur les différences entre les gens, tu comprends mieux la situation vécue par Yakari et ses amis. Selon toi, quelle sera la suite de cette histoire ? Qu'arrivera-t-il à Yakari et à son ami rejeté ? Que feront les castors (et les autres animaux) ? Sers-toi de ces pistes pour créer une fin à cette aventure.

Suis la démarche suivante.

Je planifie

Placez-vous en équipe de deux pour planifier votre histoire. Relisez l'extrait de *Yakari et l'étranger* (p. 17-18). Selon vous, comment cette histoire se terminera-t-elle ? Réfléchissez pour trouver des pistes de solution au problème de Yakari et de son ami. Que feront-ils ? Où iront-ils ? Que feront les castors (et les autres animaux) ? Partagez vos idées.

Je rédige

À partir des idées partagées, rédige individuellement le brouillon de ta bande dessinée sur la feuille qu'on te remettra. Fais d'abord un rapide croquis des illustrations. Puis, écris ton texte. Utilise des phrases courtes et des onomatopées. Essaie de faire parler les personnages en employant des phrases interrogatives. Pour t'aider, joue le jeu de chaque personnage et inspire-toi du texte que tu viens de lire. Au besoin, relis-le.

Je révise et je corrige

Consulte ton coéquipier ou ta coéquipière pour corriger ton texte. Lis-lui ton texte à voix haute. Les phrases ont-elles du sens ? Expriment-elles bien tes idées ? Les dialogues se suivent-ils bien ? Écoute ses conseils et donne-lui-en à ton tour. Repérez les passages à reformuler et soulignez-les. Faites les améliorations nécessaires. Corrigez ensuite l'orthographe des mots en

20

vous aidant et en utilisant votre dictionnaire. Faites les accords dans les groupes du nom. Vérifiez la terminaison des verbes. Consultez un tableau de conjugaison.

Je mets au propre

Au crayon, crée les illustrations de ta planche à partir de tes croquis. N'oublie pas de placer les bulles. Copie tes phrases aux bons endroits. Relis ton histoire pour vérifier si les dialogues se suivent bien et s'il ne manque aucun mot. Ajoute de la couleur aux illustrations.

Je présente

Affiche ton œuvre et admire le travail de tes camarades de classe.

Je m'évalue

Devant le groupe, nomme deux choses que tu trouves réussies sur ta planche. Y a-t-il quelque chose que tu changerais une prochaine fois pour t'améliorer? Si oui, de quoi s'agit-il?

◄ Akisa, grand chef sioux (photo prise en 1913)

Les coiffures de guerre étaient fabriquées avec des plumes d'aigles. Les plumes étaient taillées et colorées en fonction de l'exploit du guerrier. Aujourd'hui, les Amérindiens ne portent ces coiffures que lors de cérémonies traditionnelles.

Projet

Un public averti en vaut deux

Aimerais-tu acquérir de nouvelles connaissances sur certains produits médiatiques que tu consommes et devenir ainsi un consommateur averti ou une consommatrice avertie? Le projet qui suit t'aidera sûrement à atteindre cet objectif.

Dans cette unité, tu as lu des extraits de bandes dessinées. Tu sais qu'à la télévision il y a un genre équivalent nommé *dessin animé*. Tu connais aussi les jeux vidéo. On te propose maintenant de choisir une bande dessinée, un dessin animé ou un jeu vidéo (un produit médiatique) afin de l'analyser et d'en parler à tes camarades de classe.

Pour réaliser ce projet, vous vous placerez en équipe de quatre. Vous devrez observer attentivement votre produit dans le but de découvrir quels éléments le caractérisent: coopération, violence, sexisme, etc. Puis, vous présenterez les résultats de votre recherche aux élèves de votre classe.

Voici quelques questions pour guider votre observation:

- Quels sont les personnages masculins et féminins qui sont présentés dans la bande dessinée, le dessin animé ou le jeu vidéo choisi?

- De quelle façon ces personnages sont-ils présentés?

- Quel type de message est véhiculé dans votre produit?

- Quels sont les principaux sujets qui y sont traités?

- Y voyez-vous des ressemblances avec d'autres bandes dessinées, dessins animés ou jeux vidéo du même type?

Voici les étapes à suivre pour réaliser votre projet.

Exploration

Nommez d'abord des produits médiatiques que vous connaissez : jeux vidéo, bandes dessinées, dessins animés. Discutez des particularités de ces produits. Quel genre de contenu y présente-t-on, quel style de message y véhicule-t-on ? Pourquoi les jeunes apprécient-ils tant chacun de ces produits médiatiques ? Notez vos idées au numéro 1 de la feuille remise.

Planification

Après cette discussion, choisissez le produit que vous aimeriez analyser. Regardez-le une première fois et répondez aux questions 2 à 4 de la feuille qu'on vous a remise. S'il s'agit d'un dessin animé présenté à la télévision, n'oubliez pas de l'enregistrer pour pouvoir le revoir.

Réalisation

Analysez maintenant votre produit en vous inspirant des exemples donnés par votre enseignant ou enseignante. Utilisez la fiche d'analyse qu'on vous remettra pour vous guider. Que remarquez-vous qui n'avait jamais retenu votre attention auparavant ? Dans la bande dessinée, l'émission ou le jeu retenu, sélectionnez des exemples pour appuyer votre communication.

Organisez ensuite votre présentation.

Communication et évaluation

Présentez aux élèves des extraits de la bande dessinée, du dessin animé ou du jeu vidéo que vous avez étudié. Recueillez ensuite leurs commentaires. Puis, amenez-les à discuter des thèmes généraux traités dans les documents que vous venez de présenter. Vous pourrez ainsi réfléchir sur la question des messages, bons ou mauvais, que contiennent les produits médiatiques.

Remplissez ensuite la grille d'autoévaluation remise.

Clés en main

Document reproductible 12

Mes mots

adieu!	chinois	important	préciser
un adieu	chinoise	importante	mon prénom
arriver	différent	intéressant	mon prochain
avancer	différente	intéressante	prochain
avouer	ensemble	intéresser	prochaine
un/une camarade	expliquer	la langue	le Québec
charmant	un Français	la misère	un Québécois
charmante	une Française	nommer	une Québécoise
du charme	français	une phrase	québécois
charmer	française	précis	québécoise
la Chine	la France	précise	quelquefois
ce Chinois	un groupe		
cette Chinoise	la guerre		

L'impératif est utilisé pour donner un ordre ou un conseil. Il s'emploie sans pronom de conjugaison. ▶

Mes verbes conjugués

AIMER		FINIR	
IMPÉRATIF		**IMPÉRATIF**	
Radical	Terminaison	Radical	Terminaison
aim	e	fini	s
aim	ons	finiss	ons
aim	ez	finiss	ez

1. Observe les mots du tableau *Mes mots* et effectue les tâches suivantes.

   a) Complète les phrases en ajoutant un nom ou un adjectif.

   - En Chine, les ■ et les ■ mangent du riz et non du pâté ■.

   - En France, les ■ et les ■ apprennent plusieurs langues. Toutefois, comme les ■ et les ■, leur langue maternelle est le ■.

   b) Un *s* entre deux voyelles se prononce toujours comme un *z*. Trouve cinq mots qui respectent cette règle (ex. : chinoi**s**e).

   c) Compose une phrase avec chacun de ces mots.

   d) Classe tous les mots qui contiennent un *c* ou un *ç* dans un tableau semblable à celui-ci.

c = [k]	c = [s]	ç

24

e) Complète les phrases du texte en ajoutant chaque fois un adjectif différent.

Hergé et Tintin

Hergé a fait voyager Tintin dans plusieurs pays. Au début de sa carrière, il ne connaissait pas toujours très bien les pays qu'il décrivait dans ses bandes dessinées. Cependant, en 1934, il a rencontré un étudiant ■, Tchang, qui lui a conseillé d'écrire des histoires plus ■.

On m'a dit que la ■ aventure de Tintin se passerait en Chine. J'aimerais que vous ne fassiez pas d'erreurs sur mon pays, qui est très ■ du vôtre.

Merci, je tiendrai compte de cette remarque ■. Adieu! cher ami. Vous êtes tout à fait ■.

2. Consulte maintenant ton dictionnaire. Trouve le nom des hommes et des femmes qui habitent chacun de ces pays.

a) Angleterre d) Canada   g) Haïti   j) Japon

b) Australie   e) Égypte   h) Inde   k) Mexique

c) Belgique   f) Grèce   i) Italie l) Portugal

3. Voici un texte dans lequel plusieurs verbes ont été remplacés par le mot *schtroumpf*. Retrouve ces verbes en consultant le tableau *Mes mots*. Attention, deux de ces verbes ne sont pas dans le tableau!

À la manière des Schtroumpfs

Aujourd'hui, une nouvelle camarade schtroumpf à l'école. Elle se schtroumpf Kitty. Notre enseignant nous schtroumpf qu'elle est née en Autriche et qu'elle ne schtroumpf pas le français. Elle schtroumpf un peu timide, mais elle schtroumpf tous les élèves. Puis elle schtroumpf lentement vers son pupitre.

Je lis, tu lis, nous lisons...

> Voici trois extraits d'histoires tirés d'albums de bandes dessinées. Fais un survol de chacun de ces extraits, puis choisis celui qui t'intéresse le plus. Lis-le attentivement. Vois en quoi le personnage principal te ressemble ou est différent de toi. Avec un ou une autre élève, tu pourras ensuite participer à des activités de reconstruction de l'histoire.

Mademoiselle Louise

Source: Geerts et Salma, *Mademoiselle Louise – Cher petit trésor*, p. 18-19. © Casterman, 1997.

IL Y A UN TYPE QUE JE DÉTESTE À L'ÉCOLE.

IL S'APPELLE MAURICE. C'EST UN GRAND DE SIXIÈME QUI N'ARRÊTE PAS DE SE MOQUER DES AUTRES.

HÉ, LE NAIN DE JARDIN, T'AS OUBLIÉ TA BROUETTE À LA MAISON ?

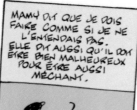

MAMY DIT QUE JE DOIS FAIRE COMME SI JE NE L'ENTENDAIS PAS. ELLE DIT AUSSI QU'IL DOIT ÊTRE BIEN MALHEUREUX POUR ÊTRE AUSSI MÉCHANT.

IL EST PEUT-ÊTRE MALHEUREUX, MAIS C'EST TOUJOURS MOI QUI PLEURE !...

CET APRÈS-MIDI-LÀ, ÇA M'A VRAIMENT FAIT DE LA PEINE ...

HÉ ! S.N.C.F. ! ENLÈVE TES RAILS QUAND TU SOURIS !

OH, ÇA VA ! C'EST PAS DE MA FAUTE SI J'AI UN APPAREIL DENTAIRE !

OH ! REGARDEZ ! UN BÉBÉ BALEINE ! HA ! HA ! "SAUVEZ WILLY" !

TIENS ! VOILÀ "SANS FAMILLE" !

Source: Geerts, *Jojo – Le retour de papa*, p. 3-4. © Dupuis, 1999.

Cédric

Unité 7

Unité 7

Source: Laudec et Cauvin, *Cédric 3 – Classe tous risques*, p. 3-6.
© Laudec, Cauvin et Éditions Dupuis, 1990.

1. Réponds aux questions de l'extrait que tu as choisi.

Mademoiselle Louise

a) Quelle est l'idée principale de cette histoire?

b) Que penses-tu de la situation de Louise? Aimerais-tu être comme cette petite fille riche qui a tous les jouets qu'elle désire? Est-elle chanceuse d'être aussi gâtée? Explique ta réponse.

Jojo

a) Quelle est l'idée principale de cette histoire?

b) Que penses-tu du comportement de Maurice?

c) Si tu étais à la place de Jojo, comment réagirais-tu aux propos de Maurice? Explique ta réponse.

Cédric

a) Quelle est l'idée principale de cette histoire?

b) As-tu déjà vécu une situation semblable à celle de Chen? Explique ta réponse.

c) Comment te sentirais-tu à la place de Chen si tu vivais une situation semblable? Explique ta réponse.

2. Place-toi maintenant avec un ou une élève qui a lu le même extrait que toi. Choisis une personne que tu connais peu. De cette façon, tu pourras apprendre à la connaître. Sur la feuille qu'on te remettra, effectue la tâche qui t'est proposée.

Document reproductible 13

3. Que retiens-tu d'important à la suite des discussions reliées à cette activité? Dans ton carnet, laisse des traces de tes idées et écris tes impressions sur le texte que tu as choisi.

34

La culture, c'est comme les confitures...

La librairie

Allô, grand-maman! Sais-tu quoi? J'ai reçu mon bulletin... et j'ai amélioré ma note en français comme je te l'avais promis!... Oh oui! C'est sûr que j'aimerais qu'on aille à la librairie ensemble!... Tu viens me chercher?... Super! À tantôt!

DING! DONG!

35

À la librairie, Sarah feuillette les livres. Elle en ouvre un sur l'histoire de la bande dessinée.

Les bandes dessinées

C'est Rodolphe Töpffer, un professeur suisse, qui, pour distraire ses élèves, écrivit les premiers albums pour enfants en 1827. Il s'agissait de petites histoires en images. Ces livres furent à l'origine de la bande dessinée.

Les premiers *comiques*

Après Rodolphe Töpffer, de nombreux auteurs et auteures publièrent des histoires en images dans les magazines de l'époque. En 1889, un Français du nom de Christophe créait *La Famille Fenouillard*. Les personnages de cette famille racontaient en mots et en images des histoires aux enfants sages. Ces histoires furent publiées dans le magazine hebdomadaire *Le Petit Français illustré*.

En 1905 parut, dans le magazine *La Semaine de Suzette*, une courte bande dessinée où l'on découvrait le personnage de Bécassine. Il s'agissait d'une robuste Bretonne dont les

histoires étaient destinées aux « jeunes filles de bonne famille ».

Dans les mêmes années, les petits garçons eurent aussi droit à une bande dessinée spécialement conçue pour eux : *Les Pieds Nickelés*. Son créateur, Louis Forton, fut le premier à introduire des bulles et des onomatopées.

À cette époque, toutes les bandes dessinées étaient écrites dans le but de divertir et de faire rire. C'est pourquoi on les appelait (et on les appelle encore quelquefois) des *comiques*.

Un nouveau genre

En 1905, un Américain nommé Winsor McCay introduisit quelque chose de nouveau dans les bandes dessinées : le rêve. Il dessinait des images sorties de ses rêves et de son imaginaire : des enfants se déplaçant dans les rues grâce à un lit dont les pattes étaient démesurément longues, des palais fantastiques...

Des animaux qui parlent

En 1910 apparurent des bandes dessinées qui mettaient en vedette des animaux. En 1917, Félix le Chat, d'abord créé en dessins animés, fit son entrée dans la bande dessinée. Ensuite, ce fut le fameux Mickey Mouse (de Walt Disney) en 1928. Tintin et Milou naquirent à Bruxelles en

1929. Créés par Hergé, le petit reporter et son chien devinrent vite des vedettes internationales.

Des héros qui font la loi

Les superhéros firent leur apparition dans les années trente. Ils étaient justiciers (Dick Tracy et Buck Rogers) ou se paraient de pouvoirs surnaturels (Superman, Batman, Flash Gordon, X-Men, Spider-Man, etc.).

Puis, dans les années cinquante et soixante, on vit apparaître les gentils héros (les Schtroumpfs, Spirou, Lucky Luke, Boule et Bill, Gaston Lagaffe, Astérix, Snoopy, etc.).

Au Québec

La bande dessinée vit le jour au Québec vers 1900. Les auteurs et auteures publièrent d'abord leurs œuvres dans des journaux. Aujourd'hui, en raison des coûts élevés de production et du marché restreint (faible population), peu d'albums sont publiés. Parmi les bédéistes connus des jeunes, on trouve, par exemple, Rémy Simard, Jacques Goldstyn, Tristan Demers et Caroline Merola.

On doit apprendre des millions de choses quand on travaille dans une librairie. Tout est là !

Effectivement, les libraires ont souvent beaucoup de culture. Tout comme les bibliothécaires, ces personnes sont là pour te conseiller, te guider et t'informer. N'hésite donc pas à les consulter lorsque tu te présentes à la librairie.

Jeu d'associations

Vérifie si tu as enrichi ta culture... et ton vocabulaire! À l'aide des textes de ton unité, des bandes dessinées que tu peux consulter à la bibliothèque et de ton dictionnaire, effectue les tâches demandées sur la feuille qu'on te remettra. Associe d'abord le personnage à son créateur ou à sa créatrice. Puis, tu devras trouver la définition des mots donnés sur ta feuille.

1	Roberval Kid	A	Uderzo
2	Tintin	B	Rémy Simard
3	Les Schtroumpfs	C	Charles Schulz
4	Yakari	D	Quino
5	Garfield	E	Hergé
6	Astérix	F	Peyo
7	Mafalda	G	Roger Leloup
8	Lucky Luke	H	Louis Forton
9	Yoko Tsuno	I	Derib
10	Snoopy	J	Morris
11	La Famille Fenouillard	K	Christophe
12	Les Pieds Nickelés	L	Jim Davis

38

Clés en main

La phrase impérative

1. Lis la bande dessinée suivante.

Martin Gonneau, bédéiste

Les phrases en couleur sont des phrases impératives. Réponds aux questions suivantes pour savoir comment elles sont construites.

a) Quels sont les verbes conjugués de chacune des phrases impératives ?

b) Quelle stratégie as-tu utilisée pour repérer ces verbes ?

c) Essaie de trouver le sujet de ces verbes. Que remarques-tu ?

d) Selon toi, à quoi sert une phrase impérative ? Quand et pourquoi utilise-t-on ce type de phrase ?

e) Compare tes réponses c) et d) aux explications données dans la rubrique *Je comprends* (p. 40). Que remarques-tu ?

2. Relis la BD présentée ci-dessus et effectue les tâches suivantes.

a) Trouve deux phrases interrogatives.

b) Trouve une phrase déclarative.

c) Complète cette histoire en ajoutant une phrase à la fin.

d) Quel type de phrase as-tu ajouté ?

3. Observe attentivement les illustrations suivantes.

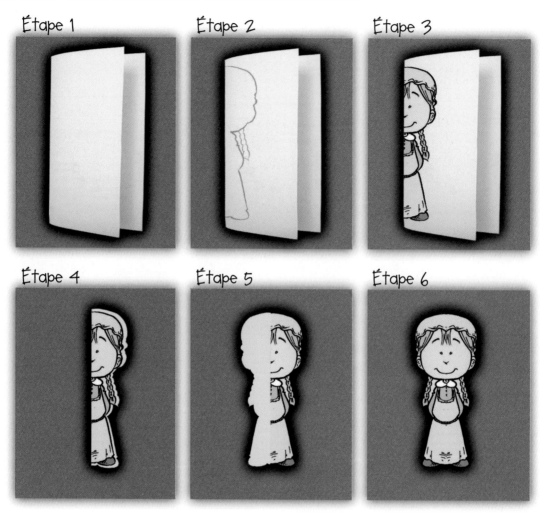

Étape 1 Étape 2 Étape 3

Étape 4 Étape 5 Étape 6

Il s'agit des illustrations d'un projet de bricolage destiné aux élèves du premier cycle. Sur la feuille remise, rédige une consigne sous chaque illustration. Chacune des consignes doit commencer par un des verbes suivants à l'impératif: *plier*, *dessiner*, *colorier*, *découper*, *déplier* et *copier*.

Je comprends

La phrase impérative
Une phrase impérative est construite à partir d'une phrase déclarative. Elle a un verbe à l'impératif; elle n'a pas de sujet.

La phrase impérative sert à donner un ordre ou un conseil. Elle se termine par un point ou par un point d'exclamation.
Ex.: Lis les explications.

Lisons-les attentivement!

Lisez-les à tour de rôle.

À vos plumes

Des personnages de BD à découvrir

Connais-tu de nombreux personnages de bandes dessinées ? Cette activité te permettra de présenter, sous la forme d'une devinette, un personnage de bande dessinée que tu choisiras et d'en découvrir parmi ceux que te présenteront tes camarades de classe.

Pour ce faire, tu choisiras d'abord ton personnage en feuilletant des bandes dessinées. Tu devras ensuite composer six à huit phrases dans lesquelles tu fourniras des indices sur ton personnage.

Au moment déterminé par ton enseignant ou enseignante, tu pourras présenter ces indices à tes camarades de classe afin que ceux-ci essaient de découvrir ton personnage.

Suis la démarche suivante pour réaliser cette activité.

Je planifie

Choisis un personnage en feuilletant des bandes dessinées à la bibliothèque scolaire ou municipale ou dans ta collection personnelle à la maison. Fais approuver ton choix par ton enseignant ou enseignante. Observe attentivement ton personnage. Relève des renseignements intéressants sur celui-ci et remplis l'organisateur remis.

Je rédige

Compose six à huit phrases pour décrire ton personnage. Comme il s'agit d'une devinette, insère progressivement des indices dans ta description en t'inspirant des renseignements notés dans ton organisateur. Place les indices les plus révélateurs vers la fin de la description pour éviter que tes camarades ne découvrent trop rapidement ton personnage.

Utilise un vocabulaire précis et varié pour permettre une description juste.

Emploie des adjectifs pour préciser tes phrases et détailler ta description.

Je révise et je corrige

Relis ton texte et assure-toi de sa clarté et du sens des phrases.

Vérifie que ta devinette n'est ni trop facile ni trop difficile à résoudre.

Corrige l'orthographe des mots. Consulte les banques de mots et ton dictionnaire pour t'aider. Fais ensuite les accords dans les groupes du nom (déterminant, nom et adjectif) et vérifie la terminaison de chaque verbe selon son sujet (au besoin, consulte un tableau de conjugaison).

Je mets au propre

Transcris tes phrases au propre. Relis attentivement la version finale et assure-toi qu'il ne manque aucun mot.

Je présente

À tour de rôle, posez votre devinette aux autres élèves de la classe. Ceux-ci doivent inscrire leur réponse sur la liste de noms fournie par l'enseignant ou l'enseignante.

Je m'évalue

Après le dévoilement des réponses, évalue le niveau de difficulté de ton texte. Était-il trop facile, trop difficile ou bien adapté?

Trouve deux améliorations que tu pourrais y apporter une prochaine fois. Note ces améliorations à la suite de ton texte. Conserve cette feuille dans ton portfolio.

As-tu déjà entendu parler du dessin assisté par ordinateur ou de la bande dessinée multimédia? Quels sont les produits multimédias que tu connais? Le texte qui suit va te permettre de trouver des renseignements intéressants sur ces nouvelles technologies. Avant ta lecture, remplis la première partie du guide de prédiction qu'on te remettra pour vérifier tes connaissances sur le sujet. Pendant ta lecture, valide tes réponses en remplissant la deuxième partie du guide. Tu pourras ensuite en discuter avec tes camarades.

La BD se transforme!

L'arrivée d'Internet a modifié plusieurs aspects de notre vie. On peut maintenant apprendre autrement, faire des recherches autrement, magasiner autrement, se divertir autrement...

L'arrivée du multimédia

Autrefois, les enfants étudiaient dans des manuels qui ne comportaient que très peu d'illustrations. De plus, les textes étaient souvent difficiles et longs. Aujourd'hui, les jeunes Nord-Américains vivent dans une société où tout se déroule à un rythme très rapide, où l'information est disponible partout, sous plusieurs formes et en capsules brèves, et où l'image occupe une place très importante. Les jeunes sont donc très attirés par les documents concis, dynamiques et colorés. C'est ce qu'offre le Web.

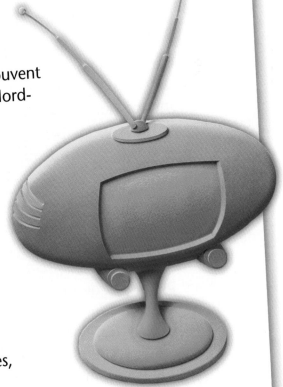

Le Web, c'est un réseau qui permet aux ordinateurs d'être reliés les uns aux autres, mais c'est aussi un produit multimédia. Si on décompose le mot *multimédia*,

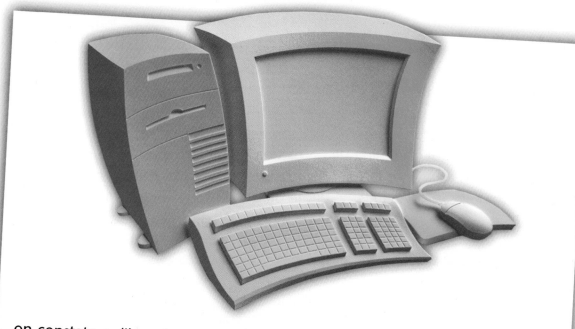

on constate qu'il est formé du préfixe *multi-*, qui signifie *nombreux*, et du mot *média*, qui se rapporte à des moyens utilisés pour s'exprimer (comme le journal, la radio, la télévision). Avant, il fallait plusieurs appareils différents pour manipuler des sons, des images et du texte. Maintenant, tout peut se faire sur un même ordinateur. C'est ce qui permet de produire des documents originaux et de donner de nouvelles formes à la bande dessinée contemporaine, par exemple.

La créativité assistée par ordinateur

Grâce à ces technologies, les jeunes amateurs et amatrices de bande dessinée disposent maintenant de moyens inédits pour créer leurs propres planches. Par exemple, certains cédéroms mettent en vedette des héros et héroïnes connus à qui les jeunes peuvent inventer des aventures en utilisant une banque de personnages et d'éléments de décor.

Avec des logiciels intégrés, on peut aussi créer sa propre bande dessinée de A à Z. On utilise alors les outils de dessin pour fabriquer les scènes. Il est possible d'y intégrer des éléments graphiques provenant de sites Web ou de banques d'images sur cédéroms. Puis, on se sert de l'outil *Texte* pour remplir les bulles et de l'outil *Rectangle* pour créer le cadre des vignettes. Le fait que le logiciel permette de déplacer ou de retourner

les éléments créés est un progrès par rapport aux techniques traditionnelles de dessin. Finalement, la bande dessinée peut bien sûr être coloriée à l'ordinateur ou imprimée en noir et blanc et coloriée à la main.

De plus en plus de produits multimédias sont créés à partir des bandes dessinées que nous connaissons. L'univers des albums est recréé sur cédérom ou dans des sites Web. L'interactivité que permettent ces supports est des plus attirante pour les jeunes. Il leur est maintenant possible de jouer le rôle d'un héros ou d'une héroïne, de modifier le déroulement d'une aventure, etc. La technologie 3D, l'animation et l'intégration du son sont également des caractéristiques recherchées par les jeunes innovateurs et innovatrices.

La bande dessinée multimédia

Quant à la bande dessinée multimédia, on commence à peine à la découvrir sur le Web. Elle se situe à mi-chemin entre le dessin animé et la bande dessinée traditionnelle, mais elle a également son style bien à elle. Elle nous guide vers de nouvelles formes de mise en pages, vers de nouvelles façons de combiner le texte et l'image, d'enchaîner les illustrations.

Marie-France Laberge

1. Placez-vous en équipe de deux pour vérifier les réponses inscrites sur votre guide de prédiction.

2. Trouvez le sens des mots en couleur. Puis, discutez de ce qui vous a le plus frappés ou intéressés dans ce texte. Qu'avez-vous appris de nouveau? Partagez ensuite vos réflexions en grand groupe.

3. Créez une bande dessinée de cinq à sept vignettes à l'ordinateur. Suivez la démarche proposée par votre enseignant ou enseignante.

Pensez à imprimer deux copies de votre bande dessinée pour pouvoir en placer une dans vos portfolios respectifs.

Mes mots

l'affaire	le double	ordinaire	la radio
amener	un éclair	pâle	ramener
arrière	éclaircir	un passage	un regard
l'arrière	éclairer	la peur	regarder
aussitôt	facile	un plan	remonter
une clé (ou clef)	libre	possible	la suite
le corps	une machine	son possible	un téléphone
derrière	mener	proche	terminer
le derrière	un nombre	une promenade	une voix
double	une ombre		

Mes verbes conjugués

AVOIR		ÊTRE	
IMPÉRATIF		**IMPÉRATIF**	
Radical	Terminaison	Radical	Terminaison
ai	e	soi	s
ay	ons	soy	ons
ay	ez	soy	ez

1. À partir du tableau *Mes mots*, effectue les tâches demandées.

   a) Trouve deux mots qui peuvent être soit des noms, soit des mots invariables.

   b) Trouves-en deux autres qui peuvent être soit des noms, soit des adjectifs.

   c) Quelle stratégie as-tu utilisée pour distinguer les noms des adjectifs ou des mots invariables?

   d) Repère tous les adjectifs.

   e) Forme des groupes du nom en ajoutant un nom et un déterminant masculins à chacun des adjectifs trouvés en d).

   f) Forme de nouveaux groupes du nom en ajoutant un nom et un déterminant féminins à chacun des adjectifs repérés en d).

   g) Que remarques-tu par rapport à la formation du féminin de ces adjectifs?

2. Classe le plus de mots possible du tableau *Mes mots* dans un tableau semblable à celui-ci :

Double consonne	Lettre muette dans le mot	Lettre muette finale	*m* devant *b* ou *p*	Accent
affaire	amener	affaire	nombre	arrière

3. Complète les phrases suivantes avec le verbe *avoir* aux temps qui conviennent. Consulte le tableau de conjugaison à la page 147.

a) Si j'■ assez d'argent, je m'achèterais la collection entière de *Cédric*.

b) Quand mon père ■ du temps, nous irons visiter une exposition des œuvres de Hergé.

c) Ils ■ peur dès qu'ils ont vu ce dessin animé.

d) ■ (1ʳᵉ p. pl.) toujours un mot pour rire et tout ira bien !

e) Nous ■ suffisamment de temps pour terminer cette planche.

4. Complète les phrases suivantes en conjuguant les verbes à l'impératif.

a) (Amener – 1ʳᵉ p. pl.) ■ ce chien avant que Tintin ne s'en aperçoive.

b) (Regarder – 2ᵉ p. pl.) ■, professeur, ils ont effacé les indices sur ce plan.

c) (Éclairer – 2ᵉ p. s.) ■-moi, Astérix, je ne parviens pas à déchiffrer ce message.

d) (Éclaircir – 1ʳᵉ p. pl.) ■ cette énigme.

e) (Finir – 2ᵉ p. s.) ■ ton travail, car j'ai une nouvelle bande dessinée à te montrer.

Mille millions de mille sabords!

5. Le capitaine Haddock, fidèle compagnon de Tintin, utilise un vocabulaire assez coloré. En voici quelques exemples : *analphabète, chenapan, escogriffe, froussard, garnement.* Cherche dans ton dictionnaire le sens de ces mots.

Comme tu le sais, Tintin a beaucoup voyagé. Ses voyages lui ont permis de découvrir plusieurs pays et d'en connaître les us et coutumes.

Les textes suivants te présentent trois des pays qu'il a visités. Lis-les attentivement pour le plaisir de voyager à travers les mots et les images. Imagine que tu accompagnes Tintin. Qu'est-ce qui capterait ton intérêt?

Autour du monde

La Chine

Avec plus d'un milliard d'habitants, la Chine est le pays le plus peuplé de la Terre. Pékin, sa capitale, en compte dix millions. La langue officielle de ce pays est le mandarin. Pourtant, peu de gens la parlent car, en Chine, il y a autant de dialectes qu'il y a de régions. Cela explique pourquoi les émissions de télévision sont sous-titrées.

Tous les enfants chinois fréquentent l'école. Ils y apprennent notamment à écrire et à lire. L'écriture chinoise n'a pas d'alphabet. Chaque mot ou chaque idée correspond à un caractère ou dessin. La langue compte plus de 50 000 dessins et, pour apprendre à lire, les élèves doivent en connaître au moins 2000.

La Chine est le pays des vélos. Il y en a des millions et c'est le principal moyen de transport!

En Chine, chaque parcelle de terre est cultivée. La principale culture est le riz, qui accompagne chaque repas. Mais les Chinois sont de fins gourmets et ils mangent de tout. Ils attachent aussi beaucoup d'importance aux effets des aliments sur la santé.

Pour se protéger des invasions des barbares du Nord, les Chinois ont bâti, au cours des siècles, une immense muraille. C'est le seul monument visible de la Lune.

48

Le Pérou

Le Pérou est un petit pays d'Amérique du Sud. Sa population est de 23 millions d'habitants, mais près d'un tiers des Péruviens et Péruviennes vivent à Lima, la capitale. Les deux langues parlées dans ce pays sont l'espagnol et le quechua.

Il y a cinq siècles, le Pérou était au centre de l'empire inca. La capitale était alors Cuzco qui signifie, en langue quechua, le nombril du monde. Les ruines de la ville de Machu Picchu sont les vestiges de cette grande civilisation. Les pierres étaient taillées avec tant de précision qu'on n'avait pas besoin de mortier! Ce site est la plus grande attraction touristique du pays.

On voit parfois des autochtones du Pérou vêtus d'un poncho. Ce manteau, qui leur sert de couverture la nuit, est fait de laine d'alpaga ou de lama, deux cousins du chameau.

Les Péruviens et Péruviennes vivent très pauvrement et la plupart des enfants ne vont pas à l'école. Les gens se déplacent à pied ou à dos d'âne. La pomme de terre, le maïs et les fèves sont la base de leur alimentation. L'anchois est également un aliment très important dans ce pays. Ce poisson se pêche dans les eaux du Pacifique mais, certains étés, le courant El Niño vient réchauffer l'eau: cette ressource, si précieuse pour les pêcheurs péruviens, disparaît alors.

Avec le Brésil, le Pérou est le plus grand producteur de café au monde.

Qualifiée de huitième merveille du monde, la cité de Machu Picchu, construite dans les années 1400, s'élève à plus de 2045 m d'altitude et domine une gorge infranchissable!

L'Inde

L'Inde compte 850 millions d'habitants qui vivent sur un territoire trois fois plus petit que le Canada. Delhi, la capitale, en compte plus de dix millions. Il y a 15 langues officielles en Inde et près de 1600 dialectes. Pour se comprendre, les Indiens et Indiennes parlent hindi ou anglais. Comme en Chine, le riz est l'aliment de base. Les plats indiens sont très relevés.

Le pays vit dans un état de pauvreté alarmante. L'école est gratuite, mais la plupart des enfants n'y vont jamais: certains ne peuvent pas payer les fournitures scolaires; d'autres doivent travailler pour aider leurs parents.

Voyager en Inde est un défi! Les nombreux piétons et les véhicules de toutes sortes ralentissent la circulation, quand ce n'est pas une vache sacrée qui fait sa sieste!

Plus de 80 % des Indiens et Indiennes ont pour religion l'hindouisme. On les appelle des hindous. Chaque année, ils se rendent par milliers à Bénarès pour se purifier dans le Gange, le fleuve sacré.

Gandhi a été une figure marquante de l'histoire de l'Inde. C'est lui qui a conduit le pays à son indépendance. On l'appelait Mahatma, la grande âme.

C'est dans l'Inde du Nord que se trouve le Tãj Mahal, un somptueux tombeau de marbre blanc construit dans les années 1630 par l'empereur Shãh Jahãn pour sa bien-aimée.

1. Quels sont les renseignements qui t'ont le plus impressionné dans ces textes? Qu'est-ce qui a capté ton intérêt? Pourquoi?

2. Placez-vous en équipe de trois ou quatre élèves. Comparez vos réponses. Puis, poursuivez votre exploration en situant les pays sur une carte du monde et en établissant des comparaisons entre ceux-ci.

3. Individuellement, laissez des traces de votre lecture dans votre carnet.

Un jeu-questionnaire

Pour tes camarades, prépare un jeu-questionnaire sur des bédéistes célèbres. De Schulz à Hergé, en passant par Quino, donne-leur un défi intéressant à relever en proposant des questions qui sauront piquer leur curiosité!

À toi de créer les dialogues!

On te propose une page extraite d'une bande dessinée sur laquelle les dialogues ont été retirés. Tu dois laisser libre cours à ton imagination et créer de nouveaux dialogues. Ce sera amusant de comparer ensuite ton texte à celui des autres élèves qui auront reçu la même page que toi et à la version originale que te remettra ton enseignant ou enseignante.

Consulte une base de données

Les bases de données sont des outils de recherche et d'information te permettant de trouver une foule de renseignements sur les sujets qui t'intéressent. Pour les utiliser, tu dois apprendre à te servir des critères et des opérateurs. Au travail!

Edgar Degas (1834-1917).
Danseuse pendant le repos

Une question d'équilibre

Faire de l'activité physique est une des conditions essentielles pour être en bonne santé. Pourtant, plusieurs jeunes de ton âge ne bougent pas suffisamment. Est-ce ton cas ? Comment occupes-tu tes temps libres ? Quels liens fais-tu entre la pratique régulière d'une activité physique et la santé ?

Dans cette unité, on te propose d'enrichir tes connaissances sur ces sujets. Pour ce faire, tu liras des textes documentaires et un récit.

En écriture, tu bâtiras un questionnaire ludique sur un sport et consigneras dans un recueil une aventure cocasse dont tu as été témoin.

Tu devras aussi participer à la création d'une encyclopédie des sports pour les élèves de ton école. Tu contribueras ainsi à les sensibiliser à l'importance du sport pour être en santé.

« Le sport : une fête où le corps est l'instrument principal de la communication. »

(Robert Mérand)

Expérience

La science et l'équilibre

Lis les trois textes suivants. Observe les illustrations et fais aller tes neurones. Réfléchis aux situations qui te sont présentées. Choisis ensuite l'expérience que tu aimerais réaliser.

A Une histoire de pommes : équilibre chimique !

Ma mère et moi préparons souvent des salades de fruits dans lesquelles nous mettons des pêches, des ananas, des oranges, des pamplemousses, des raisins rouges et des pommes. Nous ajoutons toujours les pommes en dernier, car elles brunissent aussitôt qu'on les coupe... et ça ne fait pas très appétissant dans la salade de fruits ! Là, nous avons trouvé un truc pour empêcher les pommes de brunir : nous l'avons essayé et ça a marché ! Nos pommes sont restées bien blanches ! Qu'avons-nous fait ?

B Le détecteur de gras : équilibre alimentaire !

Les diététistes (et mes parents !) disent que trop de gras est mauvais pour la santé. Et c'est vrai ! Bien sûr, nous en avons besoin d'une certaine quantité pour vivre, mais il faut savoir le limiter. Alors, où se trouve le gras ? Comment savoir si les aliments que l'on mange en contiennent ?

Mon voisin, qui est chef cuisinier (et aussi un peu mystérieux), m'a dit que le secret se trouvait dans un petit sac en papier brun... Quand il a besoin de connaître la teneur en gras d'un aliment, il passe le sac qui l'a contenu sous une ampoule électrique. Pourquoi ?

C Une drôle de position: équilibre physique!

L'autre matin, mon petit frère de six ans est venu me proposer un défi. Il a offert de préparer mon déjeuner si j'acceptais de ramasser un crayon tombé par terre sans plier les genoux. Si je n'y arrivais pas, je devais moi-même lui faire le déjeuner de son choix. Comme je suis très souple, j'ai évidemment accepté... et j'ai dû lui faire du pain doré! Comment a-t-il pu m'avoir aussi facilement?

1. Formez des équipes de quatre élèves qui ont choisi la même expérience. Suivez la démarche suivante pour réaliser votre expérience. Notez vos observations sur la feuille qu'on vous remettra.

   a) Attribuez un numéro (1, 2, 3 ou 4) à chaque membre de votre équipe. Séparez votre équipe en deux dyades: 1 et 2, 3 et 4.

   Chaque dyade est composée d'un ou d'une secrétaire (qui notera les observations et les hypothèses pendant l'expérience) et d'un ou d'une porte-parole (qui fera le compte rendu à l'autre dyade de l'équipe).

   b) Vérifiez si vous avez tout le matériel nécessaire pour réaliser l'expérience.

   c) Lisez toutes les questions de l'expérience pour savoir comment vous installer et pour prévoir toutes les étapes.

   d) Allez-y... et bonnes déductions!

   e) Pour terminer, allez rencontrer les autres équipes de la classe qui travaillaient sur la même expérience que vous et comparez vos résultats afin de vous mettre d'accord sur la bonne explication. Nommez ensuite un ou une porte-parole qui présentera cette explication à la classe.

2. Individuellement, remplissez la fiche qu'on vous remettra pour évaluer la qualité de votre travail coopératif.

Quand on pense au mot *sport*, plusieurs images nous viennent en tête. Quelles sont celles qu'il évoque en toi? En équipe de deux, remplissez la fiche qu'on vous remettra en y inscrivant tout ce qui vous vient en tête lorsque vous pensez à ce mot. Lisez ensuite le texte qui suit pour parfaire vos connaissances.

Copain des sports

Le bon choix

Sport d'équipe ou individuel, en salle ou en plein air, à la mer ou à la montagne? Des dizaines d'activités s'offrent à toi. Selon tes goûts, tes capacités physiques et tes qualités (ou, pourquoi pas?, tes défauts), tu trouveras le sport qui te convient le mieux. Quitte à en essayer plusieurs...

Faire du sport t'apporte beaucoup dans ta vie de tous les jours! De mille et une façons, tu te sens mieux. Mieux dans ton corps, plus vif et plus dynamique. Mieux dans ta peau, car tu as davantage confiance en toi. La pratique d'un sport, avec des règles à suivre et une certaine discipline, t'apprend à mieux te connaître, et développe chez toi la volonté, le goût de l'effort et de la réussite, l'attention aux autres. [...]

L'essayer pour l'adopter

L'essentiel, c'est de trouver le sport que tu prendras plaisir à pratiquer régulièrement... et longtemps. Sinon tu ne progresseras pas, et tu risques de t'en lasser. N'hésite pas à faire des essais dans plusieurs sports avant de te décider. Certains clubs prêtent l'équipement pour les premières séances, ce qui évitera à tes parents d'investir trop tôt dans un matériel coûteux...

Des performances différentes?

Les enfants, filles ou garçons, ont des capacités physiques à peu près égales. Mais à partir de la puberté, les garçons prennent plus de muscles et grandissent plus que les filles. Les femmes ont un cœur plus rapide, des poumons moins gros et un peu plus de graisse que les hommes. En revanche, elles sont beaucoup plus souples et font souvent preuve d'une meilleure concentration et de plus de volonté... [...]

Les filles aussi

[...] Pour toi, c'est tout naturel que les filles aiment le sport et deviennent des championnes. Pourtant, les femmes ont dû se battre pour être acceptées dans les compétitions. Les femmes ne pouvaient pas participer aux premiers Jeux olympiques. C'est seulement en 1928 que furent organisées les premières épreuves féminines! Aujourd'hui encore, dans certains pays très religieux, les femmes ne peuvent pratiquer certains sports ou participer à des épreuves à l'égal des hommes.

Les règles d'or du sportif

Ça y est, tu fais du sport? Ne fais pas les choses à moitié, vis aussi comme un vrai sportif. En respectant quelques règles de base, tu te sentiras beaucoup mieux et tu verras tes résultats s'améliorer!

Règle nº 1: bien se nourrir

Pour être en pleine forme, tu dois manger de façon équilibrée et variée. Assez pour couvrir les besoins de ton corps – qui sont importants parce que tu grandis – mais pas trop pour ne pas risquer de grossir. Ne te rends pas malade avec des régimes stricts: se nourrir doit rester un plaisir!

Attention si tu ne vis que de frites ou de rôties à la confiture... Pour être en bonne santé, il faut manger de tout! N'oublie pas les «aliments bâtisseurs»: produits laitiers, bons pour les os et les dents; viande, poissons, œufs et légumes secs, qui t'apportent des protéines indispensables aux muscles et aux organes.

Tous les aliments ne nourrissent pas de la même façon. Les «calories» mesurent la valeur énergétique de ce que tu manges. Par exemple, une cuillère de mayonnaise ou 10 chips fournissent environ 100 calories, un morceau de sucre 20 calories. En comparaison, une heure de course te fait dépenser 780 calories. Besoins journaliers en calories: enfants de 7 à 9 ans: 1 830 à 2 190. De 10 à 12 ans: 2 600 (garçons) et 2 350 (filles). De 13 à 15 ans: 2 600 à 2 900 (garçons) et 2 350 à 2 490 (filles). Adultes: 2 400 à 2 700 (hommes) et 2 000 à 2 400 (femmes).

Règle n° 2: ne jamais oublier de boire

L'eau constitue 80 % de ton poids. C'est dire combien elle t'est indispensable! Elle permet aussi d'éliminer les déchets de ton organisme. Chaque jour, tu perds environ 2,5 litres d'eau: il faut donc que tu en absorbes une quantité équivalente. Heureusement, les aliments sont tous composés d'une majorité d'eau. Même dans le pain, il y a 55 % de liquide. Mais tu dois boire, en plus, chaque jour, 1,5 litre d'eau, même si tu n'as pas soif.

Règle n° 3: bien dormir

Le sommeil est le meilleur ami du sportif! En dormant, tu récupères ton énergie, tu «recharges tes batteries», et tu es capable, le lendemain, de faire des prouesses! Sais-tu qu'en plus, c'est surtout la nuit que tu grandis? Tu as donc besoin de longues (et bonnes!) nuits: 9 à 12 heures de sommeil en moyenne.

Règle n° 4: respecter son corps

C'est en faisant attention dès aujourd'hui que tu prépares ta condition physique de 30 ans. Cela te paraît loin, et pourtant, c'est important...

Entraîne-toi régulièrement toute l'année. Ainsi, tu seras plus efficace, et ton organisme réagira au quart de tour. Après chaque interruption, tu devras réhabituer progressivement ton corps à l'exercice, et réapprendre certains gestes de base. À la longue, cela risque de te décourager... Et si tu te rouilles, gare aux courbatures et aux crampes! Les occasions d'entretenir ta condition physique ne manquent pas: marche pour aller faire une course, escaliers plutôt qu'ascenseur...

On ne devient pas un champion du jour au lendemain! Le sport est une école de volonté et de patience. Fixe-toi des objectifs raisonnables, correspondant à tes possibilités du moment. À placer la barre trop haut, tu risques de te décourager! Et ne compare pas tes résultats à ceux de tes copains ou copines. Chacun progresse à son rythme!

Règle n° 5: ne pas prendre trop de poids
Fais attention à ton poids: il est important de ne pas être trop lourd pour conserver ton dynamisme et diminuer la fatigue. Par contre, il ne sert à rien de vouloir ressembler à une ballerine si tu es bâtie comme une nageuse! Ne te lance jamais dans un régime sans demander l'avis d'un médecin!

Source: Serge Guérin, *Copain des sports*, p. 12-13, 24-27. © Éditions Milan (coll. Copain), 1997.

Retour sur la lecture

1. Qu'as-tu appris de nouveau en lisant ce texte?

2. Trouve trois mots nouveaux et cherche dans ton dictionnaire le sens de ces mots.

3. Consigne les renseignements importants de ta lecture sur la feuille qu'on te remettra. Conserve cette feuille dans ton portfolio.

Carnet de lecture

4. Dans ton carnet de lecture, donne la référence complète du texte que tu viens de lire. Rédige ensuite une petite résolution de deux ou trois phrases que tu pourrais prendre pour améliorer ta santé. Présente cette résolution à la classe en expliquant ton choix.

À vos plumes

Un questionnaire amusant

Que dirais-tu de créer un questionnaire amusant sur les sports et la santé ? Tu pourrais le présenter à des élèves plus jeunes pour qu'ils puissent y répondre tout en rigolant un peu !

Suis la démarche donnée pour réaliser ton questionnaire. Sers-toi de ton imagination !

Je planifie

Selon toi, à quoi pourrait ressembler un questionnaire amusant ? Prends quelques minutes pour y réfléchir. Puis, observe l'exemple présenté ci-dessous. Qu'est-ce qui est drôle ? Pourquoi ?

> Le sport est essentiel dans notre quotidien. Pourquoi ?
>
> **A** Il permet à mes chandails d'être noyés par la transpiration de mon corps.
>
> **B** Il me permet d'être en santé et en bonne forme physique.
>
> **C** Il invite mon ballon de soccer à sortir prendre l'air plus souvent.

En t'inspirant de cet exemple, trouve dans le texte *Copain des sports* cinq renseignements que tu pourrais utiliser pour composer tes questions. Ces renseignements devront intéresser des élèves du premier cycle et leur permettre d'apprendre de nouvelles choses.

Je rédige

À partir des renseignements trouvés, compose cinq questions et trois réponses pour chaque question. Seulement une des trois réponses pour chaque question doit être juste. Les deux autres doivent être amusantes. Utilise la feuille qu'on te remettra.

D'un énoncé à l'autre, varie l'emplacement de la bonne réponse (A, B ou C). Fais des phrases complètes et précises. Utilise un vocabulaire juste et correct. Fais preuve d'originalité dans la composition de tes phrases. Mets-y de l'humour !

Je révise et je corrige

Vérifie si toutes tes phrases (questions et réponses) sont claires et bien construites. Assure-toi qu'il n'y a qu'une seule réponse acceptable dans tes choix. Puis, place-toi en équipe avec un ou une autre élève.

Échangez vos questionnaires. Répondez aux questions posées par votre coéquipier ou coéquipière. Validez mutuellement vos questionnaires. Au besoin, faites les modifications nécessaires.

Vérifiez l'orthographe des mots sur chaque questionnaire. Utilisez vos outils de référence (dictionnaires et banques de mots). Vérifiez les accords dans les groupes du nom (déterminants, noms et adjectifs). Vérifiez les accords des verbes avec leur sujet. Utilisez les tableaux de conjugaison.

Je mets au propre

Individuellement, utilise le modèle «Un questionnaire amusant» qu'on te remettra pour transcrire lisiblement tes énoncés en lettres détachées (script). Assure-toi de bien copier tous les mots.

Je présente

Au moment venu, présente ton questionnaire à un ou une élève plus jeune. Laisse-lui le temps de lire chaque question et de trouver la bonne réponse.

Je m'évalue

Fais un retour sur ton questionnaire. Choisis la question que tu trouves la plus originale et les choix de réponses les plus drôles. Présente tes choix en grand groupe.

Clés en main

Orthographe et conjugaison

Mes mots

affaiblir	une **carie**	un **fantôme**	**nourrir**
un **aliment**	ce **céleri**	**faux**	la **nourriture**
alimentaire	la **céréale**	**fausse**	du **poison**
une **alimentation**	le **chou**	du **fer**	ce **raisin**
à peu près	une **citrouille**	**frais**	du **riz**
l'**arachide**	un **concombre**	**fraîche**	une **santé**
l'**avoine**	cette **dizaine**	**manger**	la **soif**
une **baie**	cette **douzaine**	un/une **médecin**	du **tabac**
du **beurre**	l'**énergie**	ce **médicament**	la **viande**
ce **biscuit**	l'**équilibre**	le **melon**	
du **bœuf**	**faible**		
cette **boisson**	une **faiblesse**		

1. Placez-vous en équipe de deux ou trois pour faire le travail suivant. Consultez le tableau *Mes mots*.

Mes verbes conjugués

VOULOIR			POUVOIR		
INDICATIF PRÉSENT			**INDICATIF PRÉSENT**		
Personne	Radical	Terminaison	Personne	Radical	Terminaison
je	veu	**x**	je	peu	**x**
tu	veu	**x**	tu	peu	**x**
il/elle	veu	**t**	il/elle	peu	**t**
nous	voul	**ons**	nous	pouv	**ons**
vous	voul	**ez**	vous	pouv	**ez**
ils/elles	veul	**ent**	ils/elles	peuv	**ent**

a) Trouvez tous les mots qui ne sont pas des noms.

b) Pour chaque mot trouvé en a), indiquez la classe de mots.

c) Inscrivez tous les noms d'aliments dans un tableau semblable à celui-ci. Consultez votre dictionnaire pour vous aider.

Produits céréaliers	Légumes et fruits	Produits laitiers	Viandes et substituts	Autres

d) Lisez attentivement chaque mot du tableau créé en c). Soulignez les lettres qu'on ne prononce pas dans le mot ou à la fin du mot.

e) Dans le tableau créé en c), entourez les mots dans lesquels toutes les lettres se prononcent.

2. Dans le tableau *Mes mots*, repérez chacun des mots définis ci-dessous. Dans chaque cas, indiquez une difficulté d'orthographe possible du mot trouvé.

	Mot défini	Difficulté d'orthographe possible
a) synonyme de *revenant*	fantôme	accent circonflexe sur le *o*
b) action de rendre faible	▬	▬
c) masculin de *fausse*	▬	▬
d) féminin de *frais*	▬	▬
e) action de fournir en aliments une personne ou un animal	▬	▬
f) céréale des pays chauds	▬	▬

3. Inventez une comptine de six vers en utilisant des paires de mots qui riment et qui sont tirés du tableau *Mes mots* (ex. : alimentation/melon).

4. Complétez les phrases en conjuguant les verbes à l'indicatif présent.

a) J'(aimer) ▨ les pommes et les cerises.

b) Je (être) ▨ allergique aux arachides.

c) Je (savoir) ▨ ce que je (vouloir) ▨.

d) Je (finir) ▨ cette recette et je (venir) ▨ chez toi.

e) Je (manger) ▨ du poisson une fois par semaine.

f) J'(avoir) ▨ une alimentation équilibrée.

g) Je me (nourrir) ▨ de bons aliments.

5. Complétez chaque proverbe ou expression avec des mots du tableau *Mes mots*. Puis, consultez votre dictionnaire pour en trouver le sens.

a) Qui vole un œuf vole un *b*▨.

b) Avoir une *s*▨ de *f*▨.

c) Rester sur sa *s*▨.

d) Ménager la chèvre et le *c*▨.

C'est la veille de l'Halloween. Demain, Aurélie voudrait bien
se déguiser et passer de porte en porte, mais elle n'a personne
pour l'accompagner : sa mère est fâchée contre elle et son père...
elle ne sait pas où il est. En compagnie de son chat Andalou,
elle arpente tristement les rues de sa ville.
Lis attentivement le texte suivant. Porte une attention particulière aux
mots qui décrivent les lieux et les personnages. Essaie d'imaginer chaque
scène comme si tu devais la dessiner.

La fabrique de citrouilles

Elle erre dans la vieille cité
emmurée, ses orteils se
transforment en petits bouts de
glaçons dans ses chaussures.
Elle a gardé les mains dans ses
poches. Elle tient la tête baissée,
ses nattes emmêlées lèvent
derrière sa nuque à chaque rafale
de vent. Andalou, lui, s'est endormi
en boule au fond du sac, au
chaud comme un bébé inuit.

Au coin d'une rue
particulièrement étroite surgit
tout à coup une drôle de maison
basse, avec deux lucarnes
accrochées sur le toit en pente.
La façade penche, un peu
bancale, comme si le vent avait
soufflé trop fort d'un côté. Au
rez-de-chaussée, une grande

vitrine avec un énorme tas de citrouilles empilées les unes sur les autres. Une pyramide de citrouilles branlantes.

C'est curieux qu'elle ne l'ait pas vue de loin, cette maison biscornue, pense Aurélie, on dirait qu'elle vient d'apparaître. Au-dessus de la porte, elle déchiffre avec peine une écriture ancienne, avec des volutes, presque effacée.

Me   moiselles Ladou   r
Ma   sin   gén ral

[...] La petite fille entre précautionneusement dans la pénombre de l'étrange magasin. Au-dessus de sa tête, des clochettes tintent pour annoncer sa venue. Curieux... Personne, absolument personne ne se montre le bout du nez. Une fine poussière recouvre le plancher de bois et, dans les recoins, des fils d'araignées pendouillent ici et là.

Andalou saute hors du sac, se met à fureter autour. Son estomac gargouille. Y aurait-il de cette merveilleuse nourriture pour chat quelque part? De ces petites boulettes odorantes dont il raffole? Il les mange en ronronnant d'habitude, et ça fait rire Aurélie qui ne comprend pas comment on peut avaler si vite et faire en même temps ce bruit de moteur enroué.

Aurélie s'approche lentement du long comptoir. Les grands bocaux de verre, alignés à la hauteur de ses yeux, brillent doucement dans la lumière diffuse. Ils ressemblent à des ventres transparents, chacun avec sa spécialité. Ici, des jujubes multicolores, là des réglisses noires et tordues comme des couleuvres.

– Erk! je déteste la réglisse.

Sa voix résonne dans le vide de la pièce, ses pieds font craquer les lattes de bois.

Elle continue pourtant l'inventaire des ventres, en marchant le long du comptoir. Des bonbons mous en forme de demi-lune, des pastilles à la menthe, des boules noires, des sucettes à la cerise. [...]

Andalou lance son double miaulement aigu des grandes circonstances.

Il n'y a ici qu'un tas de citrouilles et des bocaux poussiéreux, quelques conserves sur les tablettes. Et il meurt de faim, lui! [...]

Mais les deux amis sursautent et se figent. Là-bas, au fond, derrière le comptoir, une portion du mur, avec un bruit rouillé, bascule lentement.

Source: Charlotte Gingras, *La fabrique de citrouilles*
(ill.: Geneviève Côté), p. 80, 82-86. © Éditions Québec Amérique Jeunesse (coll. Bilbo), 1995.

1. a) Trouve le sens des mots en couleur.

b) Remplis ensuite un cadre de récit comme celui présenté ci-dessous. Tu pourras ainsi mieux comprendre les événements de cette histoire. Utilise la feuille qu'on te remettra.

> L'histoire se passe dans ■. ■ est le personnage principal. Elle se promène dans ■ en compagnie de ■. Elle aperçoit **tout à coup** ■. **Ensuite**, Aurélie et son chat y entrent et découvrent ■. **Finalement**, ■.

c) Transforme le cadre de récit créé en b) en remplaçant le personnage d'Aurélie par un personnage masculin.

2. Que dirais-tu de transformer ce récit en album pour les élèves du premier cycle? Utilise la feuille qu'on te remettra et suis la démarche proposée.

3. Relis le dernier paragraphe de l'extrait présenté ci-dessus. Qu'apercevra Aurélie derrière ce mur qui bascule? Fais-en une description dans ton carnet de lecture.

Citrouilles exposées au Jardin botanique de Montréal dans le cadre du Grand Bal des citrouilles

Clés en main

Document reproductible 11

Le dictionnaire : les planches thématiques

Placez-vous en équipe de quatre élèves pour faire le travail suivant.

Commencez d'abord par vous distribuer ces rôles : animateur ou animatrice, lecteur ou lectrice des consignes, gardien ou gardienne du temps et du calme, motivateur ou motivatrice.

1. Dans un dictionnaire, on peut trouver différents renseignements. Lesquels ? Prenez quelques minutes pour feuilleter votre dictionnaire et dresser la liste de ce que vous y trouverez.

2. Imaginez maintenant que vous ayez à rédiger un texte sur un sport. Vous voulez utiliser le plus de mots précis possible liés à ce sport. Vous pouvez bien sûr consulter un album documentaire. Vous pouvez aussi vous référer aux planches d'illustrations thématiques de votre dictionnaire ou d'un dictionnaire visuel. Vous y découvrirez des séries de mots sur le sujet qui vous intéresse. Faites l'activité suivante et vérifiez combien de mots nouveaux vous trouverez en consultant la planche thématique d'un dictionnaire.

   a) Observez attentivement la planche thématique présentée à la page 68. De quel sport est-il question ?

   b) Est-ce un sport d'hiver ou un sport d'été ?

   c) Où peut-on trouver la réponse à la question b) ?

   d) Combien y a-t-il de noms de pièces d'équipement sur cette planche ?

   e) Parmi ces noms, quels sont ceux que vous ne connaissiez pas ?

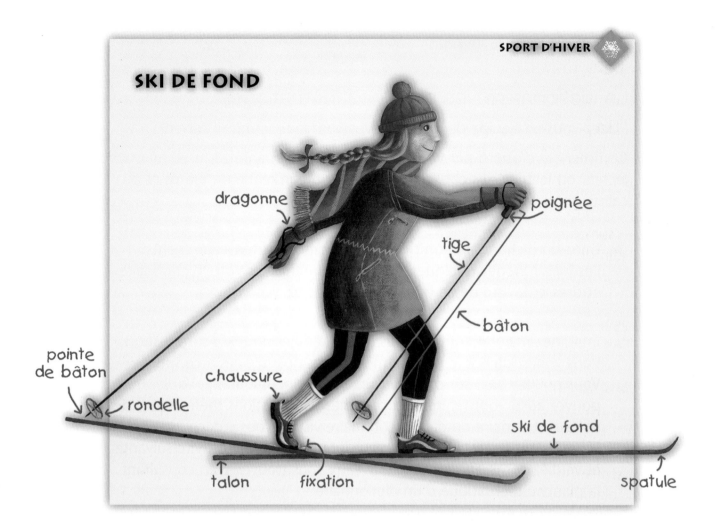

SPORT D'HIVER

SKI DE FOND

dragonne

poignée

tige

bâton

pointe
de bâton

chaussure

rondelle

ski de fond

talon   fixation

spatule

f) Parmi ces noms, y en a-t-il que vous utilisez couramment et qui ont
   un sens différent? Si oui, lesquels?

g) Parmi les noms trouvés en e) et en f), sélectionnez-en trois et
   trouvez leur définition dans votre dictionnaire.

3. Poursuivez votre exploration en répondant aux consignes suivantes.

   • Dans votre dictionnaire, sélectionnez une planche thématique sur
     un sport ou tout autre sujet lié à la santé ou à la sécurité.

   • Observez cette planche thématique pendant quelques minutes.
     Fermez ensuite votre dictionnaire et écrivez tous les mots dont
     vous vous souvenez.

   • Consultez à nouveau le dictionnaire et comparez vos réponses.

   a) Combien de mots avez-vous réussi à vous rappeler?

   b) Combien de ces mots avez-vous écrits correctement?

Je lis, tu lis, nous lisons...

La pratique d'un sport ou d'une activité physique est bénéfique pour la santé et s'intègre facilement dans la routine quotidienne. Il s'agit de choisir le passe-temps qui s'adapte le mieux à ses goûts et à sa personnalité.

Les textes suivants présentent des renseignements intéressants sur quelques sports. Observe les titres, les intertitres et les illustrations afin de repérer l'essentiel de l'information qui y est présentée. Lis ensuite chaque texte et choisis celui que tu préfères.

La planche à neige

Histoire de la planche à neige

La planche à neige fait son apparition aux États-Unis, dans les années 60, lorsque Sherman Poppen invente le «snurfer» – une planche de bois nue munie d'une corde accrochée à la spatule. Très vite, Sherman Poppen est rejoint par des adeptes du «surf», du ski et de la planche à roulettes qui font évoluer son idée. Jake Burton Carpenter ajoute aux planches des lanières en caoutchouc et Tom Sims, un ancien champion du monde de planche à roulettes, commence à mettre au point de nouvelles planches en essayant des formes et des matériaux différents. À la fin des années 70, la planche à neige est déjà un sport qui atteint la maturité.

Aujourd'hui, avec l'intérêt des médias et l'accès facilité au matériel, la planche à neige est devenue très populaire. Certains sont attirés par les figures ou les courses de vitesse, d'autres préfèrent glisser sur des pentes moins raides. Et chaque année, le nombre d'adeptes de ce sport ne cesse d'augmenter.

Se préparer

La planche à neige est un sport très excitant. Mais que tu aies l'intention de le pratiquer à la montagne ou sur des pistes artificielles, il est fondamental d'être bien équipé. Dans les magasins de sport, on te conseillera sur le choix des chaussures, de la planche et des fixations, ainsi que sur les vêtements, adaptés à ton style.

carre côté talon

fixation

lanière
de sécurité

carre côté pointe

talon
(arrière)

spatule
(avant)

Les premiers pas

Les premières fois que tu chausseras la planche, tu éprouveras probablement une étrange sensation. Peu à peu, tu t'habitueras à vérifier la planche et les fixations, à attacher la lanière de sécurité et à toujours commencer par insérer le pied avant dans la fixation.

L'échauffement

Avant de t'élancer sur les pistes, il est indispensable de réveiller ton corps par des échauffements et des assouplissements. Ces quelques exercices augmenteront tes rythmes cardiaque et respiratoire, et détendront tes muscles et tes articulations. Ils t'éviteront contractures et déchirures musculaires, te permettront de vérifier ton matériel une dernière fois, de t'assurer que tu as bien chaussé ta planche et que tu es parfaitement à l'aise.

Apprendre à tomber

Même si tu deviens un champion de planche à neige, il t'arrivera parfois de tomber. Apprendre à chuter t'évitera de te blesser les mains ou les poignets, et rendra ces chutes moins désagréables. Par ailleurs, savoir se relever en se servant de la carre côté pointe t'épargnera bien des fatigues et des frustrations, surtout lors des premiers contacts avec la neige.

Se relever côté pointe

Il est plus facile de se relever côté pointe que côté talon. Si tu tombes en arrière, fais tourner la planche au-dessus de toi.

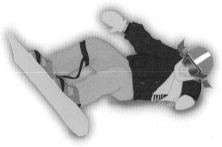

Étape 1
Assieds-toi, les mains au sol. Le talon de la planche ne doit pas bouger. Tire la spatule vers toi avec la jambe avant.

Étape 2
Roule sur le côté et commence à soulever la spatule. Le talon reste toujours à la même place.

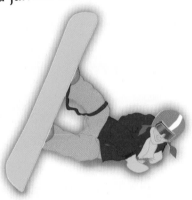

Étape 3
Continue à soulever la spatule de la jambe avant. La planche pivote sur son talon. Pour t'aider, prends appui sur une main.

Étape 4
Pose la spatule sur la neige sans la laisser tomber. À la fin de cette rotation, tu te retrouves à quatre pattes.

Étape 5
Il est alors beaucoup plus facile de te relever en prenant appui avec les deux mains.

Source : Bryan Iguchi, *Le snowboard*, p. 9-10, 12, 14-15. © Éditions Libre Expression, 1998. Texte seulement.

Pour tout savoir sur le judo

Une soudaine envie vous prend. Vous souhaitez pratiquer un sport peu habituel, un sport de combat, un sport dans lequel vous développerez votre souplesse et votre équilibre, votre vitesse ainsi que votre concentration. Eh bien, je vous propose la solution idéale pour combler votre désir : le judo.

Pour vos débuts dans ce sport, vous devrez faire l'acquisition d'un judogi (le costume du judo). Composé d'un pantalon et d'un haut, le judogi est refermé à l'aide d'une ceinture qui indique le niveau technique du judoka grâce à sa couleur. Le judogi est fait d'un coton très solide et très épais, car le partenaire ou l'adversaire tire constamment dessus, et laissez-moi vous dire que vous suerez à grosses gouttes si vous avez du cœur au ventre lors de vos séances d'entraînement.

Cet art martial d'origine japonaise nécessite de la souplesse. Vous avez sûrement déjà entendu dire que les chats retombent toujours sur leurs pattes ; ne vous surprenez pas si votre entraîneur vous incite à faire comme ces félins. En effet, lors d'un combat de judo, le but est de faire tomber l'adversaire sur le dos et,

La progression est la suivante : blanche, jaune, orange, verte, bleue, marron et noire.

par conséquent, de ne pas le faire soi-même. Alors, si votre adversaire tente de vous projeter au sol, vous devez garder votre équilibre mais, s'il est trop fort, vous devrez utiliser votre vitesse et votre souplesse pour vous retourner dans les airs. De cette façon, vous tomberez sur le ventre et vous ne concéderez pas de point à l'adversaire.

Cependant, rien de tout cela n'est facile. Parfois, même avec beaucoup de pratique, on ne peut se retourner ainsi et les défaites surviennent. À l'occasion, certes, vous pourrez dire que vous avez perdu à cause d'une erreur de l'arbitre (vous savez que personne n'est parfait) mais, la plupart du temps, vous ne pourrez qu'observer une erreur stratégique ou technique de votre part, ou même une supériorité – difficile à accepter – de l'adversaire.

72

Dans ce cas, vous devrez faire preuve d'une grande force morale. Vous retirer dans un coin, seul, afin de faire le point sur votre combat et d'analyser vos défaillances est un excellent moyen d'éviter de s'emporter inutilement, ce qui vous ferait perdre des énergies essentielles à vos prochains combats. [...]

Le judo peut être pratiqué de manière récréative mais, si vous désirez le pratiquer de façon compétitive, vous devrez faire preuve de détermination, car c'est avec une combinaison de trois sortes d'entraînement que vous obtiendrez les résultats escomptés : l'entraînement sur les tatamis, le cardio-vasculaire et le psychologique. Bonne chance, bon judo et amusez-vous bien !

Source : Marylise Lévesque (polyvalente La Pocatière, commission scolaire Kamouraska – Rivière-du-Loup), dans *Le Magazine Jeunesse*, automne 2000, vol. 9, n° 1, p. 40.

Un judoka québécois, Nicolas Gill

C'est à l'âge de six ans que Nicolas Gill fait ses débuts en judo. Assistant à une compétition à laquelle participait son frère, il a eu la piqûre pour ce sport de combat. Aujourd'hui, plus de vingt ans plus tard, Nicolas s'entraîne de 15 à 20 heures par semaine. Il est discipliné et humble malgré ses médailles olympiques.

Q   Nicolas, en quoi consiste ton entraînement ?

R   L'entraînement est la clé de la réussite. Plus on y consacre de temps et d'efforts, plus on progresse. Je m'entraîne cinq jours par semaine à Montréal. Le matin, je fais environ une heure de musculation sur des appareils dans un centre de conditionnement physique et, dans la soirée, je pratique le judo sur les tatamis pendant deux heures. Il est toujours très important de bien s'échauffer afin de diminuer les risques de blessure. Une dizaine de jours avant une compétition, je dois ralentir le rythme de mes entraînements afin de faire le plein d'énergie et de reposer mon corps.

Q Un judoka doit-il suivre un régime alimentaire particulier?

R Le plus important est de surveiller son poids pour respecter les limites de sa catégorie. En général, mes menus ressemblent à ceux d'une personne qui a une saine alimentation. Je dois éviter les aliments à calories vides et le gras. Quand je suis en vacances, je me permets un peu de folie, sans trop faire d'excès!

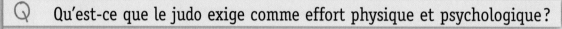

Q Qu'est-ce que le judo exige comme effort physique et psychologique?

R Il est essentiel de posséder un ensemble de qualités physiques comme la flexibilité, la force et l'agilité. Sur le plan psychologique, la concentration et la discipline sont au premier rang. De plus, le contrôle de soi est indispensable lors des combats. Il faut gérer ses réactions et ses émotions, c'est ce qui est le plus difficile dans ce sport. Le judo m'apporte beaucoup, il fait partie intégrante de ma vie: c'est ce que je fais de mieux, je crois!

Q Quelles sont tes plus grandes réussites, celles dont tu es le plus fier?

R Chaque moment, chaque atteinte d'un nouveau sommet est une joie pour moi. À l'époque, mon premier championnat provincial m'avait procuré une grande fierté. Dernièrement, la médaille de bronze à Barcelone et celle d'argent à Sydney ont été des étapes importantes dans mon cheminement. Depuis quelque temps, je suis entraîneur aux niveaux national et international, ce que j'aime énormément.

Q Quels conseils donnerais-tu aux jeunes qui ont envie d'expérimenter ce sport?

R Il faut être persévérant et avoir de la volonté. Il faut aimer ce sport de discipline et entrevoir plusieurs années d'effort et d'acharnement avant d'atteindre de grands objectifs. C'est un excellent moyen de maintenir un contrôle de soi et une discipline personnelle.

L'athlétisme, le roi des sports !

L'être humain a toujours su courir, sauter, lancer... Il faisait donc de l'athlétisme sans le savoir. Il s'agit du plus ancien de tous les sports.

Les premiers Jeux olympiques eurent lieu en l'an 776 av. J.-C., à Olympe, en l'honneur de Zeus, dieu de l'Olympe. Le but de ces jeux était de permettre aux peuples de s'affronter et de se mesurer, mais de façon pacifique. À cette époque, une seule épreuve figurait au programme, la course à pied. Par la suite s'ajoutèrent les sauts, les lancers, les courses de chars et les combats. D'ailleurs, le mot *athlétisme* vient de *athlon* qui signifie *combat* en grec.

Les Jeux se déroulèrent ainsi tous les quatre ans jusqu'en l'an 394 de notre ère. Ils disparurent ensuite à cause des guerres qui séparaient les peuples et les régions du monde. C'est seulement en 1896, à Athènes, plus de 1500 ans après, que les Olympiques réapparurent. Ce fut grâce à la volonté d'un Français, Pierre de Coubertin. Ce grand pédagogue était convaincu de la nécessité d'accorder une grande place à l'éducation physique dans la formation de l'individu. Il consacra sa vie à la propagation des sports chez les jeunes.

Le discobole, une des statues les plus célèbres de l'art grec.

L'athlétisme aujourd'hui

Depuis 1896, l'athlétisme a considérablement évolué, et ce à tous les niveaux. Le matériel s'est amélioré :

- Le bambou utilisé pour les perches a été remplacé par le métal, plus solide, mais un peu trop rigide, puis par la fibre de verre, à la fois résistante et flexible.

- Pour la réception au sol, les matelas ont remplacé le sable : drôlement plus douillet pour les fesses et le dos !

- Les pistes, maintenant faites de matières synthétiques, ne sont pas abîmées par la pluie, contrairement à l'herbe ou à la cendrée d'autrefois.

- Les chronomètres électroniques au centième ou au millième de seconde ont remplacé le chronométrage manuel au cinquième de seconde.

- La photo d'arrivée élimine quasiment tout risque d'erreur de jugement au moment de l'arrivée des coureurs et des coureuses.

L'entraînement est devenu beaucoup plus important. On est passé de deux à trois séances par semaine, à une et souvent deux par jour! De plus, les connaissances sur le corps humain et sur le rôle de l'alimentation n'ont cessé de progresser. Tout cela explique l'évolution extraordinaire des performances athlétiques.

Les épreuves se sont également grandement diversifiées. L'athlétisme en regroupe aujourd'hui 24, divisées en trois grandes catégories : les courses, les sauts et les lancers.

Les courses

Avec ou sans obstacles, en individuel ou en relais, les courses représentent la discipline la plus importante de l'athlétisme. On distingue le sprint, les haies, le demi-fond, le fond, le steeple et les relais.

À la course, il y a trois commandements essentiels :

- À vos marques : tu t'installes derrière la ligne. Tu peux donc bouger.

- Prêts : tu te mets en position et tu attends, immobile.

- Partez (ou coup de pistolet) : tu t'élances!

Les sauts

Les êtres humains ont toujours aimé défier les lois de la pesanteur. Les sauts représentent une discipline très spectaculaire de l'athlétisme. Les records se battent centimètre par centimètre. Les différents sauts sont : le saut en hauteur, le saut en longueur, le triple saut et le saut à la perche.

La vitesse maximale atteinte par un champion (ou une championne) du monde dépasse les 40 km/h. Toutefois, ce super coureur n'obtiendrait qu'une médaille de bronze s'il se mesurait à une autruche et un guépard, qui peuvent atteindre les 100 km/h.

Les lancers

Réservés aux personnes les plus fortes, les lancers nécessitent de la puissance, une technique très affirmée, une forte tonicité et une grande vitesse d'exécution. C'est la bonne conjugaison de ces quatre facteurs qui favorise la réussite du lancer. Il existe quatre formes de lancers : les lancers du poids, du disque, du marteau et du javelot.

Il n'est pas nécessaire d'être super costaud ou costaude pour exceller aux lancers. Il faut surtout être rapide, puissant ou puissante et souple. Savais-tu que, sur une distance de 30 mètres, les meilleurs lanceurs sont souvent aussi rapides que les coureurs ?

La Bulgare Stefka Kostadinova détient depuis 1987 le record du monde de saut en hauteur féminin avec 2,09 m. Imagine, elle est capable de sauter la hauteur du plafond de ta maison. Pourtant, cet exploit est encore une fois facilement éclipsé par un représentant du règne animal. En effet, la puce peut faire des bonds de 20 cm, ce qui correspond à 150 fois sa taille. Mme Kostadinova devrait sauter aussi haut qu'un immeuble de 85 étages pour égaler cette marque !

Savoir trouver chaussure à son pied

Parmi les différentes disciplines que regroupe l'athlétisme, chacun peut y trouver son bonheur. Les meilleurs coureurs de fond sont en général de petite taille et toujours très légers. Les grands costauds font d'excellents lanceurs de disque et de poids. Les meilleurs coureurs et sauteurs sont le plus souvent grands et minces. Pour les lanceurs de javelot ou de marteau, la taille n'est pas vraiment un enjeu.

Le sport est-il bon pour la santé ?

Faire du sport, c'est très bon pour la santé. Imagine une voiture dont la performance s'améliorerait avec le kilométrage ! Eh bien, c'est le cas de ton corps ! Le corps humain est un engin très sophistiqué dont le rendement augmente avec l'usage ! Une vraie merveille !

Tes débuts en tant qu'athlète

On n'est pas tous des athlètes dans l'âme, mais c'est en général en faisant du sport qu'on se met à aimer ça. Si tu as entre 7 et 13 ans, tu es à l'âge idéal pour te lancer dans le sport. À ce moment, tes capacités d'apprentissage sont maximales! Ta mémoire fonctionne à plein rendement! Tu apprends facilement des gestes nouveaux. Ta souplesse, ton adresse, ton sens de l'équilibre ne demandent qu'à s'exercer...

L'école d'athlétisme

L'athlétisme est une formidable école du sport où tu abordes toutes les disciplines avant de te spécialiser. On y apprend à courir, à sauter, à lancer, aussi à gagner de la force et de l'endurance, ce qui est utile pour tous les sports. Dans ta région, il y a sûrement un ou plusieurs clubs susceptibles de t'enseigner les rudiments de l'athlétisme et, qui sait, de te transformer en futur champion ou championne!

Marie-Pier Comtois

1. Trouve le sens des mots en couleur dans le texte choisi.

 2. Remplis la fiche qu'on te remettra afin de consigner les renseignements importants de ce texte.

  3. Place-toi en équipe avec une personne qui a choisi le même texte que toi. Vous devez réaliser une affiche pour informer les jeunes de votre âge sur le sport dont il est question dans le texte ou pour les encourager à le pratiquer. L'affiche devra être composée d'une illustration et d'un slogan. À partir des renseignements consignés au numéro 2, vous pourriez exploiter un des aspects suivants:

- les règles de sécurité;
- l'équipement nécessaire;
- l'entraînement.

 Consultez d'autres sources d'information pour compléter celles que vous possédez déjà. Utilisez les feuilles qu'on vous remettra pour sélectionner et organiser vos idées. Présentez ensuite votre affiche.

Document reproductible 14

Mes mots

agile	encourager	un patin	la rapidité
l'agilité	une épreuve	le patinage	reculer
un amusement	ce filet	patiner	un règlement
amuser	la hauteur	la patinoire	ce saut
un/une arbitre	un/une juge	un plongeon	un seau
un arc	le jugement	plonger	un ski
une attaque	juger	cette position	sot
attaquer	lancer	prendre	sotte
le casque	un loisir	rapide	la vitesse
la chute	mettre	rapidement	la volonté
ce coup	nager		
cette course	un nageur		
la culbute	une nageuse		

Mes verbes conjugués

PRENDRE			METTRE		
INDICATIF PRÉSENT			**INDICATIF PRÉSENT**		
Personne	Radical	Terminaison	Personne	Radical	Terminaison
je	prend	s	je	met	s
tu	prend	s	tu	met	s
il/elle	prend		il/elle	met	
nous	pren	ons	nous	mett	ons
vous	pren	ez	vous	mett	ez
ils/elles	prenn	ent	ils/elles	mett	ent

1. Les groupes de mots donnés ci-dessous font partie d'une même famille. Observe-les attentivement pour retenir leur orthographe. Quelles difficultés remarques-tu dans chaque groupe ?

   a) agile, agilité

   b) amusant, amusante, amusement, amuser

   c) rapide, rapidité, rapidement

2. Qui suis-je ? Complète les phrases suivantes par des mots qui contiennent la lettre *g*. Cherche les réponses dans le tableau *Mes mots* et dans un dictionnaire.

   a) Nous ■ notre équipe pendant le match.

   b) Au soccer, le ■ interdit de toucher le ballon avec ses mains.

   c) Cette gymnaste est ■ comme un chat.

d) Philippe fait de la sous-marine.

e) Pour obtenir une médaille de bronze en natation, il faut être capable de faire plusieurs ■ au crawl et à la brasse.

f) Gaëlle a sauté du ■ et a bien réussi son ■.

g) Le ■ de l'arbitre tranche en cas de désaccord.

3. Lis les mots que tu as écrits au numéro 2 et explique ce que tu as observé à propos du *g*.

4. Compose une phrase de plus de dix mots avec chaque paire d'homophones donnée.

Ex.: auteur, hauteur

Ce populaire **auteur** de romans jeunesse habite une jolie maison tout en **hauteur**.

a) cou, coup   b) saut, seau   c) saut, sot

5. Complète les phrases suivantes en ajoutant un verbe du tableau *Mes mots* (p. 79) conjugué à l'indicatif présent.

a) L'alpiniste ■ son temps pour escalader le rocher.

b) Ils ■ comme des poissons.

c) Nous ■ le ballon dans le panier avec précision.

d) Ce couple ■ élégamment sur la glace extérieure.

6. Sur la feuille qu'on t'a remise, associe chaque expression au verbe qui a le même sens. Consulte ton dictionnaire.

a) prendre de la vitesse   Ⓐ vieillir

b) prendre le large   Ⓑ s'éloigner

c) prendre de l'âge   Ⓒ se fâcher

d) prendre la mouche   Ⓓ accélérer

Une encyclopédie des sports

De récentes recherches sur la santé démontrent que plusieurs jeunes du primaire ne font pas suffisamment d'exercice et qu'ils passent trop d'heures devant la télévision. Pourtant, la pratique d'un sport peut être une activité très agréable.

En guise de projet, on vous propose de bâtir une encyclopédie des sports les plus passionnants afin de mieux les faire connaître aux élèves des deuxième et troisième cycles. Cela leur donnera peut-être le goût d'essayer certains sports présentés.

Ce travail se fera en équipe de deux ou trois élèves. Chaque équipe devra concevoir un article de deux à trois pages sur un sport de son choix. Cet article devra être bien documenté et visuellement attrayant. Il devra contenir les renseignements suivants : origine du sport, nom de quelques athlètes qui le pratiquent, techniques et règles de sécurité ainsi qu'une planche thématique présentant l'équipement nécessaire. De plus, une bibliographie des ouvrages consultés devra être fournie en annexe.

Exploration

En grand groupe, commencez l'activité en vous posant des questions. Qu'est-ce qu'on vous demande de faire ? Quelle est votre tâche ? De quoi aurez-vous besoin pour bâtir cette encyclopédie ? Quels sports allez-vous présenter ? Où chercherez-vous votre information ? Qui sera responsable d'assembler le tout, de concevoir les pages de couverture et la table des matières ?

Document reproductible
15

Planification

Formez des équipes de deux ou trois élèves et choisissez un des sports nommés à l'étape *Exploration*. Discutez des aspects qu'il serait intéressant de traiter. Puis, remplissez le tableau qu'on vous remettra pour noter vos sources d'information et les responsabilités des membres de votre équipe.

Réalisation

Quels sont les aspects dont vous devez traiter? Séparez-vous le travail et, individuellement, sélectionnez l'information utile dans vos documents. Ensuite, organisez cette information pour qu'elle soit cohérente. Rédigez votre partie. N'oubliez pas: vous ne devez pas copier, mais redire dans vos mots les renseignements que vous avez trouvés.

Puis, mettez votre travail en commun. Discutez pour faire les liens nécessaires et pour choisir les illustrations pertinentes. N'oubliez pas d'inclure la planche thématique.

Relisez votre travail et voyez si tout y est. L'information est-elle claire et facilement compréhensible? Votre article saura-t-il intéresser les élèves à qui il s'adresse?

Vérifiez ensuite l'orthographe des mots et les accords dans les groupes du nom. Assurez-vous de l'accord de chaque verbe avec son sujet.

Puis, présentez votre texte à votre enseignant ou enseignante pour vous assurer qu'il ne reste aucune erreur.

Finalement, copiez votre article au propre et ajoutez les illustrations.

Selon les décisions que vous avez prises à l'étape *Exploration*, assemblez le tout.

Communication

Présentez votre travail aux élèves des autres classes. Prenez le temps de discuter de l'importance du sport pour être en santé.

Déposez ensuite votre encyclopédie à l'endroit que vous jugez le plus intéressant: dans le coin de lecture, à la bibliothèque, au gymnase...

Document reproductible 16

Évaluation

Remplissez la fiche qu'on vous remettra. En grand groupe, faites ensuite le bilan de votre travail.

Clés en main

Document reproductible
17

Les finales des verbes (1re partie)

1. Placez-vous en équipe de deux. Lisez le texte suivant et faites le travail demandé.

Le skieur

Il prend ses bâtons. Il chausse ses skis et il se met en ligne pour le remonte-pente. Dans quelques minutes, il dévalera les pentes. Il se prépare, il se concentre. Il pense à ce passage difficile, à ce virage dangereux. Il se dit qu'aujourd'hui il sera le plus rapide. Il veut gagner la course et il sait qu'il peut réussir.

a) Repérez tous les verbes conjugués et, sur la feuille qu'on vous remettra, soulignez-les.

b) Trouvez les pronoms sujets de ces verbes. Tracez une flèche qui va du pronom sujet au verbe conjugué.

c) Quel est le pronom sujet trouvé en b)?

d) À quelle personne est ce pronom? Vérifiez votre réponse en la comparant à l'explication donnée dans la rubrique *Je comprends* (p. 84).

e) Classez les verbes soulignés dans un tableau à quatre colonnes en regroupant les verbes qui se terminent par la même lettre.

f) Quelles sont les lettres finales des verbes qui ont un pronom sujet de la troisième personne du singulier? Vérifiez votre réponse en la comparant à l'explication donnée dans *Je comprends* (p. 84).

2. Lisez le texte suivant en observant les verbes en caractères gras.

Ma première compétition de ski

Je **prends** mes bâtons. Je **chausse** mes skis et je me **mets** en ligne pour le remonte-pente. Dans quelques minutes, je **dévalerai** les pentes. Je me **prépare**, je me **concentre**. Je **pense** à ce passage difficile, à ce virage dangereux. Je me **dis** qu'aujourd'hui je **serai** le plus rapide. Je **veux** gagner la course et je **sais** que je **peux** réussir.

a) Comparez ce texte avec celui de la page 83. Quels changements remarquez-vous par rapport à l'écriture du texte ? par rapport à la conjugaison des verbes ?

b) Trouvez les pronoms sujets des verbes en gras. Sur la feuille remise, tracez une flèche qui va du pronom sujet au verbe.

c) Quel est le pronom sujet trouvé en b) ?

d) À quelle personne est ce pronom ? Vérifiez votre réponse en la comparant à l'explication donnée ci-dessous.

e) Regroupez tous les verbes selon leurs finales.

f) Quelles sont les lettres finales des verbes qui ont un pronom sujet de la première personne du singulier ? Vérifiez votre réponse en la comparant à l'explication donnée ci-dessous.

Je comprends

Les finales des verbes

Un verbe qui a pour sujet un groupe du nom ou un pronom de la **troisième personne du singulier** (*il, elle, on, cela*) a pour finale la lettre *e, t, d* ou *a*.

Ex.: Elle jou**e** dans la neige.   Il fai**t** une chute.

      On pren**d** le remonte-pente.   Cela **a** l'air passionnant.

Attention ! *On* est un pronom qui peut avoir deux sens : *quelqu'un* ou *nous*. Même lorsque *on* a le sens de *nous*, ce pronom est à la 3e p. s.

Un verbe qui a pour sujet un pronom de la **première personne du singulier** (*je*) a pour finale la ou les lettres *e, s, x* ou *ai*.

Ex.: Je jou**e** dans la neige.   Je fai**s** une chute.

      Je veu**x** une planche à neige.   J'**ai** peur de tomber.

La culture, c'est comme les confitures...

Le musée

Ce soir-là, Sarah, tout excitée, écrit à Félix.

FÉLIIIIIX!

Tu sais quoi? Prépare tes valises: maman nous amène en voyage en Allemagne! Youpi! Hourra! Yabadabadou!

Elle doit faire un reportage sur l'imprimerie qui paraîtra dans un album documentaire pour les jeunes. Comme ton père devait aussi se rendre en Europe, ils ont décidé que nous partirions TOUS pour deux semaines. J'ai hâte!

Nous allons à Mayence visiter le musée Gutenberg! Maman dit que nous devons nous préparer « culturellement » pour ce voyage. Je vais tenter de trouver de l'information sur Gutenberg. Fais de même de ton côté et vendredi, apporte ce que tu auras trouvé.

Auf Wiedersehen! (ça veut dire *au revoir* en allemand...)

Sarah

Gutenberg, l'inventeur de l'imprimerie, est né vers 1397 près de Mayence, une importante ville d'Allemagne. Son enfance est assez mal connue. Mais comment s'en étonner ? C'est lui qui a inventé le moyen de transmettre l'information par écrit ! On sait, cependant, qu'il vient d'une famille riche. Il a donc eu la chance de pouvoir aller à l'école.

Du temps de Gutenberg, la plupart des gens ne savaient pas lire. Les documents jugés importants (la Bible, les textes de lois, les jugements de Cour) étaient transcrits à la main par des moines ou des gens très instruits (les professeurs, quelques étudiants et les gens d'Église). Les livres étaient donc très rares et presque sacrés.

Gutenberg avait une grande obsession : il voulait trouver un moyen de reproduire ces livres pour pouvoir les rendre accessibles à tous. Après de nombreux essais et de nombreux problèmes financiers, il en vint à une solution qui allait marquer l'histoire du monde.

Il plaça des caractères mobiles (donc des lettres réutilisables) faits de métal, tous de la même taille et de la même épaisseur, dans de grandes boîtes de bois. Il enduisit ensuite les caractères d'encre et pressa sur du papier les pages ainsi écrites. On dit qu'en 1455 il publia de cette façon le premier ouvrage typographique : une Bible.

mots latins imprimés en lettres gothiques

enluminure peinte à la main

Grâce à l'imprimerie, des centaines de livres purent être imprimés, ce qui permit à des millions de personnes d'avoir accès à toutes sortes de renseignements. Ainsi, les peuples ont pu évoluer beaucoup plus rapidement.

Savais-tu que...

ujourd'hui, nous comprenons toute l'importance de la découverte de l'imprimerie. À l'époque de Gutenberg, les livres imprimés étaient considérés comme de vulgaires imitations de manuscrits et les imprimeurs n'étaient pas respectés.

utenberg s'appelait en réalité Gensfleisch zur Laden zum Gutenberg. À l'époque, en Allemagne, les noms de famille reprenaient ceux des habitations. Le nom de l'inventeur signifie que sa famille possédait la maison appelée *zur Gensfleisch* (à la chair d'oie), la maison *zur Laden* (au magasin) et la maison *zum Gutenberg* (à la bonne montagne).

epuis 1968, en coopération avec la ville de Mayence, l'Association Gutenberg décerne le prix Gutenberg pour récompenser une contribution artistique, technique ou scientifique exceptionnelle dans le domaine de l'imprimerie.

'invention de l'imprimerie a été attribuée à Gutenberg. Aujourd'hui, nous savons qu'avant lui les Chinois avaient découvert le moyen de reproduire les textes en série à l'aide de caractères en bois. À l'époque même de Gutenberg, des contemporains auxquels il fut associé, Fust et Schöffer, travaillaient à la même invention. Cependant, la technique de Gutenberg est celle qui a été adoptée.

Bon! J'en sais un peu plus. On verra ce que Félix pourra ajouter. Il aura peut-être trouvé des photos ou des sites Internet intéressants. La culture, c'est comme les confitures: ça peut être très varié, mais c'est toujours bon!

Sur la feuille qu'on te remettra, entoure la bonne définition.

1. Qu'est-ce qu'une *enluminure*?

    a) Costume que portaient les chevaliers du Moyen Âge à l'époque de Gutenberg.

    b) Nom donné aux ornementations en couleur d'anciens manuscrits ou de livres religieux (encore utilisées quelquefois de nos jours).

    c) Outil que l'on utilisait pour tailler les lettres.

2. Que signifie le mot *lettrine*?

    a) Lettre plus grosse et souvent décorée placée au commencement d'un chapitre afin de mettre le début d'une phrase en valeur.

    b) Nom que l'on donnait aux lettres minuscules du temps de Gutenberg.

    c) Nom donné aux imprimeries du temps de Gutenberg.

Les premiers livres imprimés
La presse comprime la feuille sur les caractères encrés, laissant une « impression » sur le papier.

3. Dans quel pays Gutenberg est-il né?

    a) En France.

    b) En Allemagne.

    c) En Suisse.

4. Pourquoi l'invention de l'imprimerie est-elle importante?

    a) Sans l'imprimerie, on n'aurait pas connu Gutenberg.

    b) Du temps de Gutenberg, elle a donné du travail aux gens qui savaient lire.

    c) L'imprimerie a permis à tous les gens du temps de Gutenberg d'avoir accès à l'information.

Sueurs froides, points de côté, crampes : notre corps nous envoie des signaux qu'il est important de déchiffrer. Comment faire pour mieux comprendre le langage de notre corps ? Pour le savoir, complète le guide de prédiction qu'on te remettra. Lis ensuite le texte suivant pour valider tes prédictions et en discuter avec tes camarades.

Les signaux du corps

La crampe

La crampe arrive brusquement, elle fait mal et ne passe pas toujours très vite.

Les crampes

Quand un muscle se contracte involontairement et qu'il n'arrive plus à se relâcher, il devient dur et douloureux : c'est une crampe. Elle survient le plus souvent pendant un effort musculaire et atteint plutôt les muscles des membres. Normalement, ces muscles se contractent et se relâchent sur ordre du cerveau. Pendant la crampe, les ordres de relâche n'agissent plus sur le muscle endolori. Même les athlètes les mieux entraînés en souffrent et peuvent être obligés de s'arrêter au beau milieu d'une compétition.

Les déchets

Pendant un effort soutenu, si les cellules musculaires ne disposent plus d'un apport suffisant en oxygène et continuent à travailler, elles produisent des déchets, en particulier de l'acide lactique. [...] Quand l'acide lactique est produit en excès et ne peut plus être éliminé, il s'accumule dans le muscle, provoquant la douleur de la crampe.

La chasse aux crampes

Pour se débarrasser d'une crampe, il faut essayer d'abord d'étirer doucement le muscle avec les mains. S'il s'agit d'une crampe au mollet, on peut aussi tendre la jambe vers le sol en repliant les orteils et la cheville vers le genou, ou se mettre en équilibre sur la jambe douloureuse.

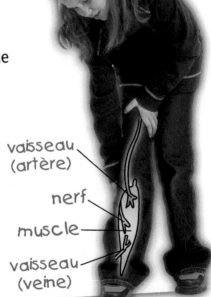

vaisseau
(artère)

nerf

muscle

vaisseau
(veine)

Le point de côté

Le point de côté est un signal d'alarme. C'est d'abord une petite douleur, à droite ou à gauche sous les côtes, puis très vite elle devient si forte qu'on est obligé de s'arrêter.

Il apparaît pendant l'effort

C'est en courant, en marchant vite, en roulant à bicyclette, en montant à cheval ou même en sautant à la corde qu'on attrape un point de côté. La douleur vient parce que le diaphragme est trop sollicité.

Le diaphragme, un muscle pour respirer

Large et aplati, le diaphragme est une cloison musculaire entre la poitrine et le ventre. À chaque inspiration, il se contracte et s'abaisse, créant un appel d'air dans les poumons. Comme tous les muscles, pour travailler, il a besoin d'oxygène et d'énergie.

N! R! J!

Le carburant, c'est le sucre, ou glucose. Il se transforme en énergie en présence d'oxygène. Le glucose vient de l'alimentation, il est stocké par le foie. L'oxygène est fourni par l'air qu'on respire. Le sang transporte le tout. Il circule grâce à une puissante pompe : le cœur.

À bout de souffle

Quand on produit un gros effort, on a besoin de plus d'oxygène. Le cœur doit pomper plus, et plus vite. S'il n'est pas assez entraîné, il n'y arrive pas, et le diaphragme manque d'oxygène, il est débordé. Il produit alors un déchet, l'acide lactique. C'est l'accumulation de l'acide lactique dans le diaphragme qui crée la douleur du point de côté. Pour qu'elle se calme, il faut arrêter l'effort et prendre patience. Petit à petit, le sang va laver le diaphragme en éliminant l'acide lactique.

> **Respirez !**
> « Qui veut voyager loin ménage sa monture... » Pour éviter le point de côté, il ne faut pas démarrer trop vite, il faut apprendre à s'échauffer et à contrôler sa respiration.

poumons

cœur

diaphragme

Le vertige

Le vrai sens du mot *vertige* vient du latin *vertigo*, mouvement tournant; c'est la sensation que les objets se mettent à tourner autour de soi. Mais, dans l'usage courant, ce mot renvoie à la peur du vide, le vertige des hauteurs. En langage scientifique, c'est l'acrophobie.

Sueurs froides

Accoudé à un balcon, en longeant un précipice, en montant sur une échelle ou en traversant un pont, tout à coup, on perçoit le vide en dessous de soi. On devient tout blanc, on transpire, on est paralysé, on ne peut plus ni avancer, ni reculer, ni monter, ni descendre.

Au secours! À l'aide!

Il faut venir en aide très vite à celui qui est pris de vertige. Lui porter secours en l'éloignant du danger, en lui prenant la main ou même en le portant. Dès qu'il ne voit plus le vide sous ses pieds, il n'a plus peur, le vertige cesse.

Les informateurs du cerveau

Ce vertige des hauteurs semble provoqué par la discordance des informations qui arrivent en même temps au cerveau: l'oreille interne indique une bonne position de la tête, tandis que les yeux envoient un signal d'alarme, ils ne voient que le vide et n'ont plus de repères. D'ailleurs, ceux qui souffrent du vertige le savent bien: tant que leurs yeux conservent des repères proches – comme à l'intérieur d'un avion –, ils n'ont pas le vertige.

oreille moyenne

oreille interne

tympan

Source: M.-C. Erlinger et M.-R. Lefèvre, *Les signaux du corps*, p. 12-13, 16-17, 22-23. © Éditions Milan (coll. Essentiels Juniors), 2001.

Qu'as-tu appris de nouveau en lisant ce texte? Prends quelques minutes pour y réfléchir et noter tes idées.

Puis, place-toi en équipe de trois ou quatre élèves. Comparez vos réponses. Trouvez l'information qui vous surprend le plus. Notez-la dans votre carnet de lecture en indiquant bien la source du texte.

Clés en main

Mes mots

son âge	brisée	fatiguer	mon poignet
âgé	briser	notre force	mon poumon
âgée	caché	forcer	ton repos
au-dessous	cachée	mon genou	sa respiration
au-dessus	calmer	ma gorge	respirer
blessé	ma cheville	ma lèvre	se reposer
blessée	leur courage	mon muscle	soigner
blesser	ma cuisse	mon orteil	mon ventre
ta blessure	mon doigt		
brisé	mon épaule		

Mes verbes conjugués

PARTIR

INDICATIF PRÉSENT

Personne	Radical	Terminaison
je	par	s
tu	par	s
il/elle	par	t
nous	part	ons
vous	part	ez
ils/elles	part	ent

1. Consulte le tableau *Mes mots* et trouve :

   a) un nom qui s'écrit comme il se prononce ;

   b) tous les noms qui se terminent par un *e* muet ;

   c) deux noms qui se terminent par une lettre muette autre que *e* ;

   d) un mot de la même famille qu'un des noms trouvés en c) ;

   e) deux mots invariables ;

   f) huit verbes.

2. Complète les phrases en ajoutant un adjectif du tableau *Mes mots*. N'oublie pas d'accorder chaque adjectif avec le nom auquel il se rapporte.

   a) Nous avons rencontré une personne ■ qui nous a parlé des sports qu'elle pratiquait dans son enfance.

   b) L'ambulance viendra chercher les joueuses ■.

   c) J'ai le cœur ■ par cette défaite.

3. Vérifie les accords des adjectifs trouvés au numéro 2 en appliquant la procédure suivante.

- Trouve le nom donneur. Écris au-dessus de celui-ci son genre (m. ou f.) et son nombre (s. ou pl.).

- Fais une flèche qui va du nom donneur vers l'adjectif et le déterminant.

- Vérifie si l'adjectif a le même genre et le même nombre que le nom auquel il se rapporte. S'il y a lieu, corrige tes erreurs.

4. Trouve le mot qui correspond à chacune des définitions. Consulte ton dictionnaire. Chaque mot se termine par *et* (comme le mot *poignet*). Compose ensuite une phrase avec le mot trouvé.

a) But constitué d'un réseau de mailles retenu par une structure rigide.

b) Danse exécutée par plusieurs personnes.

c) Groupe du nom qui donne sa personne et son nombre au verbe.

d) Petit papier imprimé servant de carte d'entrée.

e) Sorte de veste sans manches qui permet de flotter sur l'eau.

5. En équipe de quatre, construisez ce jeu de vocabulaire.

- Sur la feuille remise, écrivez les mots du tableau *Mes mots* indiqués par votre enseignant ou enseignante.

- Découpez ensuite cette feuille pour obtenir plusieurs cartes de mots.

- Au verso de chaque mot, écrivez une courte définition de celui-ci.

- Lorsque les cartes sont prêtes, ramassez-les pour former un jeu qui vous permettra de réviser l'orthographe des mots à l'étude. Pour jouer, un ou une élève lit une définition et les autres tentent de deviner de quel mot il s'agit et de l'écrire correctement. Une fois le mot bien écrit par tous les membres de l'équipe, un ou une autre élève lit la définition inscrite sur une nouvelle carte.

Dans le texte qui suit, on te raconte l'histoire d'un garçon qui aime le hockey... et la Zamboni! Pourquoi? Qu'est-ce qui l'attire dans ce véhicule? Lis cette histoire pour le découvrir. En plus du plaisir que te procurera cette lecture, tu y trouveras des renseignements intéressants sur le hockey. Ensuite, tu pourras discuter en équipe à partir de quelques questions.

Zamboni

Ce n'est pas facile d'être gardien de but. Seulement pour m'habiller, ça me prend une demi-heure. Je mets d'abord ma combinaison, puis mes bas, mon protecteur d'épaules, mon plastron, mon protège-cou, ma culotte. Ensuite il faut que j'attende que mon père ait fini de parler avec l'entraîneur parce que c'est lui qui lace mes patins. Il faut qu'ils soient bien serrés. Quand il a fini, je me couche sur le ventre pour qu'il attache mes jambières. C'est tellement pesant que j'ai du mal à me relever. Et ce n'est pas tout: il faut encore enfiler le chandail, le casque et les gants. La partie n'est pas encore commencée et j'ai déjà chaud.

Quand j'en ai fini avec mon équipement, mon père me fait toujours ses recommandations: avance vers le joueur pour couper les angles, n'aie pas peur de te jeter sur la glace, et méfie-toi du numéro neuf, c'est le plus dangereux. Quand mon père s'en va, c'est l'instructeur qui vient s'asseoir à côté de moi. Il me dit de ne pas m'avancer trop loin, de rester debout le plus longtemps possible et de me méfier du numéro douze. Je fais semblant d'être d'accord, mais j'essaie d'oublier leurs conseils. Quand je les écoute trop, je suis tout mélangé.

Dès qu'on entend la sirène, on s'en va sur la patinoire et là, ça commence vraiment. Au début, mon cœur bat très vite, mais, aussitôt que l'arbitre a fait la mise au jeu, je ne pense à rien d'autre qu'à la rondelle. Un joueur s'échappe. Il s'en vient vers moi à toute vitesse. Je me prépare. Qu'est-ce qu'il va faire? Est-ce que c'est le numéro neuf ou le numéro douze? Est-ce qu'il faut que je m'avance vers lui pour couper les angles ou bien que je reste dans mon but? Je n'ai pas le temps d'y penser, il lance. Boum, sur la jambière. La rondelle tombe devant moi. Il ne faut pas qu'il s'empare du retour. Je donne un coup avec mon bâton, la rondelle s'en va dans le coin. Un joueur de mon équipe essaie de dégager le territoire, mais il ne réussit pas. La rondelle est encore dans notre zone, c'est dangereux. Dans les gradins, les parents crient. Il y a plein de joueurs devant moi. Je me penche pour voir la rondelle, entre les jambes et les bâtons. Tout à coup, je l'aperçois, tout près de moi. Je me couche sur la glace, j'étends le bras, je pose la main sur la rondelle, l'arbitre siffle. Ouf! Le capitaine de mon équipe vient me féliciter en donnant un petit coup de bâton sur ma jambière.

Ensuite, ça continue. Je reçois des rondelles dans le ventre, sur les bras, sur la tête, partout. Des fois, ça fait un peu mal, mais ce n'est pas grave. J'aime le bruit que fait la rondelle quand elle frappe mes jambières, mon casque, mon bâton, mon plastron ou mes poteaux. Quand elle arrive au fond du filet, j'aime moins ça, c'est sûr. Mais je ne peux pas faire de miracles. Un gardien qui arrête toutes les rondelles, ça n'existe pas. Même Patrick Roy laisse compter des buts.

Je suis toujours surpris quand j'entends la sirène, à la fin de la partie. Ça passe tellement vite. On va au centre de la patinoire, on serre la main de nos adversaires, et puis on retourne au vestiaire. Moi, j'essaie toujours de quitter la patinoire en dernier. C'est à cause du conducteur de la Zamboni. C'est mon ami. Je l'aime beaucoup, surtout depuis que mon grand-père est mort. Avec lui, j'ai un secret. Quand il arrive sur la glace avec sa grosse machine, il me fait toujours un signe de la main. Je le salue à mon tour et, ensuite, je vais enlever mon équipement.

Zamboni, c'est une marque de commerce. On devrait plutôt dire **resurfaceuse de glace** pour nommer ce véhicule.

J'aime beaucoup être gardien de but, vraiment beaucoup. Même quand on perd. Même quand mon instructeur me dit que j'ai fait des erreurs. La seule chose que j'aime moins, c'est quand je rentre à la maison avec mon père. J'ai des problèmes avec lui. C'est pour ça que j'ai écrit mon histoire. C'est pour ça aussi que le conducteur de la Zamboni est mon ami. Mais je ne peux pas tout raconter en même temps. Je vais commencer par parler de mon père et ensuite je vais parler du vieux monsieur qui m'a fait voir l'intérieur d'une Zamboni. Ce qu'on peut trouver dans le ventre d'une Zamboni, c'est quelque chose d'assez extraordinaire. Tous les enfants devraient y aller. Pas seulement les gardiens de but, pas seulement les joueurs de hockey, tout le monde.

Source : François Gravel, *Zamboni* (ill. : P. Pratt), p. 7-14. © Éditions du Boréal, 1990.

1. Placez-vous en équipe de trois ou quatre pour répondre aux questions sur le texte. Notez vos idées sur la feuille qu'on vous remettra.

   a) En quoi la Zamboni est-elle si importante pour le garçon ? Justifiez votre réponse en recopiant deux passages du texte.

   b) Le garçon a un secret avec le conducteur de la Zamboni. Quel pourrait être ce secret ?

   c) Cette histoire vous fait-elle penser à un livre ou à un film ? Lequel ?

   d) Le mot *Zamboni* est une marque de commerce. Trouvez d'autres marques de commerce souvent utilisées pour désigner des objets. Comment devrait-on plutôt appeler ces objets ? Pourquoi certaines marques de commerce sont-elles ainsi utilisées pour nommer des objets ?

   e) Dans l'histoire *Zamboni*, on trouve plusieurs renseignements sur le hockey. Quelles sont les pièces d'équipement nommées dans le texte ?

2. Individuellement, dans votre carnet de lecture, copiez la phrase de l'histoire qui vous a le plus touchés. Expliquez pourquoi.

À vos plumes

Un recueil d'aventures cocasses

As-tu déjà vécu une aventure mémorable, agréable ou désagréable en pratiquant un sport? As-tu déjà été témoin de mésaventures cocasses vécues par une personne de ton entourage qui s'adonnait à une activité physique? On a tous, un jour ou l'autre, vécu ou été témoin d'une telle situation. Pourquoi ne pas rassembler toutes ces histoires drôles pour produire un recueil de récits d'aventures cocasses sur les sports? Ce recueil pourrait être mis à la disposition des élèves de la classe afin qu'ils puissent le consulter et y lire les histoires de leurs camarades. À vos plumes!

Document reproductible
22

Je planifie

Pense à l'anecdote que tu as envie de partager. Tu peux choisir une aventure que tu as vécue ou celle d'une autre personne (parent, camarade ou connaissance). Si tu choisis la seconde option, enquête auprès de ton entourage pour rassembler le plus de renseignements possible sur cette histoire.

Complète l'organisateur qu'on te remettra; il te guidera dans ta rédaction.

Je rédige

À partir des renseignements notés dans ton organisateur, rédige ton anecdote. Compose une histoire de 9 à 12 phrases. Écris ton brouillon à double interligne: cela facilitera la correction.

Utilise des mots précis pour bien expliquer ce qui s'est passé. Emploie différents types de phrases (interrogatives, exclamatives...) pour capter l'intérêt des destinataires. Tu peux même exagérer un peu pour rendre ton histoire humoristique. Donne un titre accrocheur à ton texte.

Document reproductible
23

Je révise et je corrige

Relis ton texte. L'histoire est-elle captivante? Intéressera-t-elle les lecteurs et lectrices? Assure-toi que les renseignements sont complets (qui, où, quand, quoi), que les phrases ont du sens et qu'elles se suivent dans un ordre logique. Vérifie l'orthographe des mots, fais les accords nécessaires dans les groupes du nom et accorde chaque verbe avec son sujet.

Forme une équipe de correction avec deux autres élèves. Suivez les étapes présentées dans le document intitulé «Chasseurs de fautes» qu'on vous remettra. Chaque membre de l'équipe aura un rôle à jouer dans la correction des textes de ses coéquipiers ou coéquipières.

Je mets au propre

Individuellement, utilisez la feuille qu'on vous remettra pour transcrire votre anecdote au propre. La calligraphie doit être soignée et bien lisible. Relisez attentivement la version finale et assurez-vous qu'il ne manque aucun mot.

Illustrez un moment crucial de l'histoire à l'endroit approprié sur la feuille remise.

Je présente et je m'évalue

Regroupez dans un recueil les histoires de tous les élèves de la classe pour créer un recueil d'aventures cocasses sur le sport.

Puis, en équipe, discutez des questions suivantes:

- Qu'avez-vous aimé le plus dans cette activité?

- Que pourriez-vous proposer pour améliorer cette situation d'écriture?

- Que pensez-vous de la technique «chasseurs de fautes» pour corriger vos textes?

Présentez vos idées à vos camarades de classe.

Mène ta petite enquête

Tu aimerais en savoir un peu plus sur la pratique des sports et des activités physiques chez les jeunes et les moins jeunes? Prépare un bref questionnaire dont tu présenteras ensuite les réponses sous forme de tableaux et de graphiques. Le logiciel intégré que tu utilises habituellement te permet de présenter tes résultats d'enquête de façon claire et attrayante. À toi ensuite de les analyser sérieusement!

Le clavardage sportif

Tu aimerais participer à une session de clavardage avec une sportive ou un sportif connu? Certains acceptent de le faire, il suffit de demander! En attendant, pense aux thèmes sur lesquels tu aimerais échanger, avec quel ou quelle athlète, prépare tes questions, discutes-en avec d'autres élèves pour voir si vos préoccupations se rejoignent.

L'encyclopédie des sports

Une base de données permet de stocker une grande quantité de renseignements, puis de les afficher, de les trier et de les utiliser de différentes façons. Suis la démarche proposée dans ton manuel pour effectuer ta recherche sur un sport ou sur une activité physique (p. 81 et 82). Ensuite, construis une fiche pour y consigner l'information trouvée. Lorsque tous les élèves auront fait de même, vous disposerez d'un outil de référence intéressant à utiliser à volonté!

Carl Spitzweg (1808-1885),
Le rat de bibliothèque

Sur les ailes d'un conte

Dans cette unité, tu voyageras sur les ailes de contes étrangers et de quelques textes informatifs. Tu découvriras des cultures différentes de la tienne. Tu apprendras comment d'autres peuples fêtent Noël.

En même temps que tu feras ces découvertes, tu planifieras l'organisation d'une fête de l'amitié. Ce projet sera l'occasion de faire connaître aux élèves de ta classe la culture d'un pays que tu auras choisi.

« Les contes sont les fruits de la sagesse et de l'intelligence des gens de la Terre. Tels les pollens, ils voyagent dans le murmure du vent. »

(Plume d'Aigle Flottante, **Récitoire Contes et légendes**)

C'est un départ !

Quel est le point commun entre tous ces mots : *bougie, chiffre, épinard, hasard* et *orange* ? Eh bien, ils sont tous d'origine arabe et ils font partie de notre vocabulaire. Une des façons de former des mots nouveaux est d'en emprunter à des langues étrangères. Observe les illustrations placées sur la carte du monde.

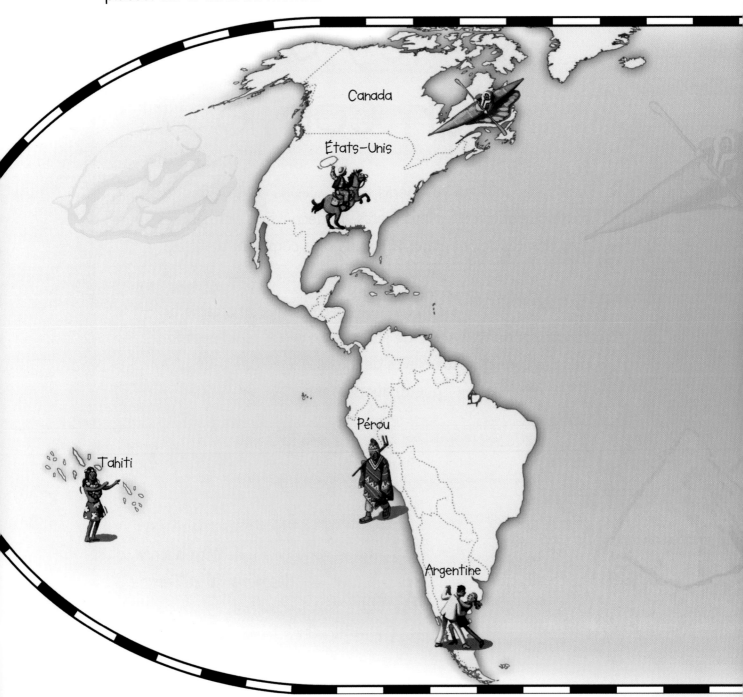

Placez-vous en équipe de deux et utilisez la feuille qu'on vous remettra. En vous inspirant des illustrations, trouvez le mot correspondant à chaque définition.

Cherchez dans votre dictionnaire d'autres mots empruntés à des langues étrangères. Présentez-les aux élèves de votre classe. Préparez ensuite un jeu-questionnaire avec ces mots.

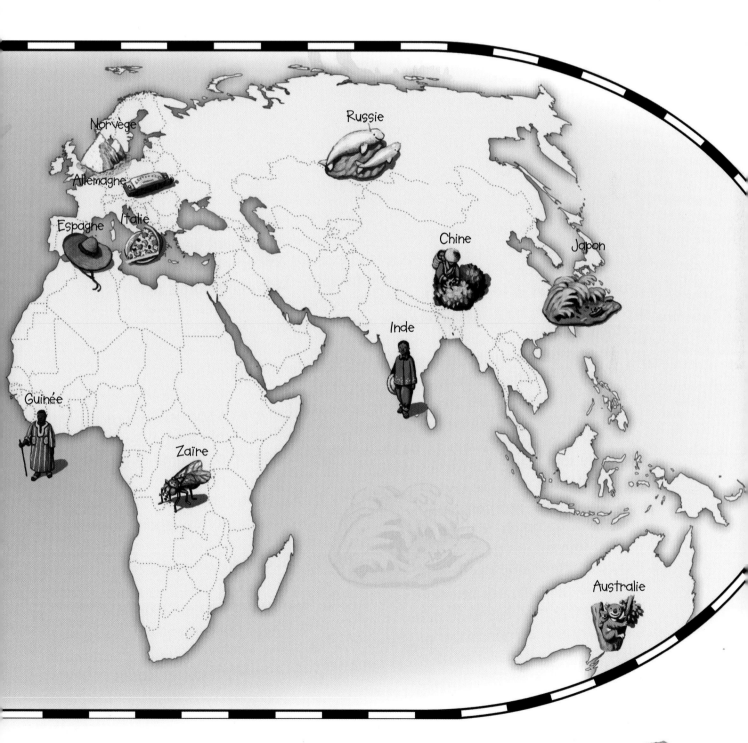

La culture japonaise fourmille de contes et de légendes dont l'univers est très différent du nôtre. Lis le conte japonais présenté en portant une attention particulière aux éléments typiques de cette culture. Après ta lecture, tu devras trouver deux phrases du texte qui t'impressionnent et expliquer pourquoi. Puis, tu auras à imaginer une fin à l'histoire.

Shõ
et les dragons d'eau

Il y a bien longtemps, au Japon, les gens avaient la mauvaise habitude de jeter à la mer tous leurs cauchemars. Comme ils en avaient peur et honte, ils les enfermaient dans des sacs qu'ils lançaient en cachette dans les vagues.

La mer, très malheureuse, devenait houleuse. Les sacs ballottés se déchiraient et des monstres hurlants et déchaînés en sortaient. Ils se dressaient très haut sur la crête des vagues, engloutissant les pêcheurs et leur barque.

Le poisson devenait tellement rare que seul l'empereur et quelques personnes fortunées pouvaient s'en procurer.

Dans un village côtier vivait une riche famille. Elle avait à son service une petite fille qui travaillait au jardin. Shõ avait dû quitter l'école pour aider ses parents à gagner leur pain. Le papa de Shõ était pêcheur et comme tous ceux de son village, il était sans travail.

Shõ était un véritable rayon de soleil. Elle avait un don : elle savait lire dans les cœurs. Shõ pouvait même lire dans le cœur des pierres, tendre malgré ce qu'on en disait.

Bien souvent, les gens du village lui demandaient conseil. Un soir d'été, trois pêcheurs vinrent la trouver.

Ils se confièrent : « La situation dans laquelle nous vivons ne peut plus continuer ; la mer, pleine de démons, est montée contre nous. Au village, c'est la misère, les gens n'ont plus assez d'argent pour s'acheter du riz. On a même peur d'aller sur la plage ramasser des coquillages et des algues pour la soupe. »

Shõ, après les avoir écoutés, leur dit : «Nous pourrons nous libérer des monstres, mais à trois conditions : persuadez les gens d'arrêter de jeter leurs cauchemars dans l'océan. Puis, lorsque la mer sera apaisée, le poisson de votre première semaine de travail devra nourrir les plus démunis. Mais avant, nous devons tous les quatre rassembler notre courage pour affronter la mer et ses démons. »

À minuit, Shõ et les trois pêcheurs grimpèrent dans un petit bateau.

La pleine lune éclairait la mer. Des vaguelettes argentées léchaient la coque. Sous les flots, les monstres sommeillaient. Bientôt, la côte endormie s'évanouit dans le bleu velouté.

Shõ se leva au milieu de l'embarcation. Elle appela gentiment les cauchemars : «Venez, venez mes mignons!» Aussitôt les dragons d'eau surgirent dans un fracas épouvantable autour du bateau. Ils rugissaient, crachaient de l'écume au sommet des vagues. Les monstres d'eau tentaient de faire mourir de peur les passagers. Nos pêcheurs blêmes s'agrippaient désespérément aux rebords de la barque. La petite ne bronchait pas. Son cœur était serein.

S'adressant alors aux cauchemars, elle leur dit : «Mes chers dragonnets, vous n'êtes que de petites bulles d'air qui s'agitent à la surface de l'eau. Le vent s'amuse de vous et bientôt vous éclaterez!» Les monstres n'en croyaient pas leurs oreilles; le sourire paisible de l'enfant les rendait complètement impuissants. Ils finirent par disparaître dans l'écume.

Une fois que les villageois comprirent qu'ils ne devaient plus jeter leurs cauchemars à la mer, le poisson abonda sur la place du marché. C'était la fête et tout le monde mangeait à sa faim.

Mais, avec le temps, les cauchemars s'accumulaient dans les placards des maisons. Bientôt, il n'y eut plus de place où les cacher.

Source : Annouchka Gravel Galouchko, *Shõ et les dragons d'eau*, p. 3, 6, 8-10, 13. Annick Press Ltd., 1995. © Annouchka Gravel Galouchko.

1. Selon toi, s'agit-il d'une histoire imaginaire ou d'une histoire vécue? Explique ta réponse.

2. Relis attentivement l'extrait de *Shõ et les dragons d'eau*.

a) Dans ton carnet de lecture, écris deux phrases que tu trouves importantes ou qui t'ont impressionné. Ces phrases peuvent te rappeler une expérience, t'amener à te poser des questions, te séduire par la beauté des mots, etc.

Place-les dans la première colonne d'un tableau semblable à celui présenté ci-dessous. Dans la seconde colonne, écris pourquoi tu as choisi ces phrases.

Shõ et les dragons d'eau

Phrases qui m'ont impressionné	Mes commentaires
Des vaguelettes argentées léchaient la coque.	Les mots sont magnifiques. Je peux m'imaginer l'eau de la mer sur la coque du petit bateau.

b) Illustre une de ces phrases à la manière d'Annouchka Gravel Galouchko. Choisis des nuances de couleurs pour exprimer les émotions que tu as ressenties en lisant cette phrase. Inscris la phrase choisie sous le dessin.

c) Place-toi en équipe avec deux ou trois élèves. Présentez la phrase que vous avez illustrée en b). Expliquez votre choix.

3. Pour connaître la suite de l'histoire, effectuez les activités proposées sur les feuilles qu'on vous remettra.

a) Replacer en ordre les trois paragraphes qui suivent l'extrait.

b) Compléter le paragraphe donné.

c) Imaginer une fin au conte, que vous présenterez aux élèves de la classe dans une communication orale.

Dragon en origami

L'origami, c'est la tradition japonaise du pliage de papier. Le terme vient du japonais *oru*, qui veut dire *plier*, et *kami*, qui signifie *papier*.

Clés en main

Mes mots

l'arrivée	un détour	pédaler	un sentier
l'autobus	un drapeau	une plaine	se poser
l'automobile	l'est (E.)	un plateau	sud (S.)
l'autoroute	le fleuve	quitter	le train
l'aventure	la géographie	ralentir	la vallée
mon bagage	là-bas	votre région	un vol
sa chaloupe	une motoneige	un ruisseau	un voyageur
ce chameau	le nord (N.)	satisfait	une voyageuse
découvrir	où	satisfaite	un wagon
le désert	l'ouest (O.)		
une destination	un paysage		

Mes verbes conjugués

DIRE

PASSÉ COMPOSÉ

Personne	Auxiliaire	Participe passé Radical	Terminaison
j'	ai	dit	
tu	as	dit	
il/elle	a	dit	
nous	avons	dit	
vous	avez	dit	
ils/elles	ont	dit	

PARTIR

PASSÉ COMPOSÉ

Personne	Auxiliaire	Participe passé Radical	Terminaison
je	suis	parti	(e)
tu	es	parti	(e)
il/elle	est	parti	(e)
nous	sommes	parti	(e)s
vous	êtes	parti	(e)s
ils/elles	sont	parti	(e)s

Au passé composé, un verbe est formé de deux mots : l'auxiliaire **avoir** ou **être** et le participe passé.

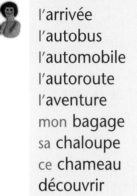

1. Placez-vous en équipe de deux. Consultez vos tableaux de conjugaison (p. 147-150). Trouvez les verbes qui se conjuguent avec l'auxiliaire *être* au passé composé.

2. Utilisez le tableau *Mes mots* pour faire le travail demandé.

a) Remplissez un tableau semblable à celui-ci.

Noms féminins	Noms se terminant par le son [o]	Mots contenant le son [g]	Mots contenant le son [ʒ]	Abréviations
arrivée	cham**eau**	ba**g**age	baga**g**e	E. (pour *est*)

b) Trouvez un synonyme des mots *atterrir, abandonner, contente, chemin*.

c) Composez une phrase avec chacun des mots trouvés en b).

d) Qui suis-je ?

- Un véhicule qui circule sur la neige grâce à des skis.
- Une route sans croisement et à deux sens de circulation séparés.
- Un véhicule à quatre roues qui circule sur les routes.
- Un véhicule qui assure un service de transport en commun.

e) Observez attentivement les mots trouvés en d).
Que remarquez-vous de particulier ?

3. Complétez chaque phrase avec le mot *plaine* ou *pleine*.

a) Derrière ces montagnes, il y a une ■ fertile.

b) Cette cruche est ■ à ras bord.

4. Complétez chaque phrase avec le mot *vol*, *vole* ou *volent*.

a) Un ■ d'hirondelles passe dans le ciel.

b) Il y a de l'orage dans l'air : les hirondelles ■ bas.

c) L'avion ■ à 1000 mètres d'altitude.

5. Le participe passé peut varier en genre et en nombre. Observez ceci :

- fini → finie
- mis → mise
- dit → dite
- parti → partie
- pris → prise
- écrit → écrite

Quelle stratégie peut-on utiliser pour connaître l'orthographe d'un participe passé au masculin singulier ?

6. Voici les drapeaux de quelques pays nommés dans cette unité.
Trouvez les noms de ces pays et de leurs habitants.

a)   c)   e)   g)

b)   d)   f)   h)

Projet

Une fête de l'amitié

Depuis le début de l'année, tu as partagé de bons moments avec les élèves de ta classe. Voici une autre occasion de le faire en organisant une fête de l'amitié dont le but est de fraterniser tout en faisant connaître la culture d'un pays de ton choix.

Pour te préparer, tu apprendras, tout au long de l'unité, comment vivent les gens ailleurs dans le monde, comment ils fêtent et quelles sont leurs coutumes. Tu pourras aussi faire des recherches dans Internet ou dans des livres.

Pour ce projet, tu devras choisir un pays qui t'attire. Puis, tu te placeras en équipe avec deux élèves qui ont fait le même choix. En plus de donner de l'information sur le pays choisi, chaque équipe devra faire la présentation d'un élément culturel de ce pays.
Voici quelques suggestions :

- présenter une chanson ou un poème ;
- préparer une recette, la présenter, puis la faire déguster ;
- lire une légende ou un conte ;
- présenter un jeu ou une danse ;
- organiser un défilé de mode ;
- jouer un extrait d'une pièce de théâtre.

Suivez les étapes suivantes.

Exploration

En grand groupe, émettez toutes les idées qui vous viennent en tête. Assurez-vous que quelqu'un prend ces idées en note.

Puis, sur une carte du monde ou sur un globe terrestre, localisez des pays qui vous intéresseraient. Faites une liste de ces pays. Individuellement, choisissez quelques pays et partez à la recherche de documentation.

Pour vous aider à colliger vos références, remplissez la feuille qu'on vous remettra. Vous pouvez aussi apporter en classe les documents trouvés.

Au moment déterminé par votre enseignant ou enseignante, présentez votre documentation. Choisissez le pays qui vous intéresse et regroupez-vous avec les élèves qui partagent vos intérêts.

Planification

Consultez toute la documentation que vous avez rassemblée et faites-en un survol. Sélectionnez les documents les plus intéressants et notez vos références sur la feuille qu'on vous remettra.

Vous devrez d'abord donner de l'information générale sur le pays choisi et ensuite présenter un élément culturel particulier de ce pays.

Réalisation

Sélectionnez d'abord les renseignements les plus intéressants de vos documents et notez-les à l'aide de mots clés et de courtes phrases. Répartissez votre travail pour que chaque membre de l'équipe traite d'un aspect différent du sujet (nourriture, climat, habitation, etc.). Prévoyez des éléments visuels. Poursuivez votre travail en mettant en commun vos découvertes. Faites les liens nécessaires et placez le tout en ordre. Utilisez la feuille qu'on vous remettra.

Choisissez ensuite l'élément culturel que vous présenterez. Par exemple, si vous faites déguster une recette, prévoyez quand et où vous la préparerez.

En grand groupe, prenez maintenant quelques minutes pour planifier l'horaire de votre fête de l'amitié. Qui l'animera? Quel sera l'ordre des présentations? Quand et où aura-t-elle lieu?

Communication

Le grand moment est arrivé. Faites votre présentation et écoutez celles des autres. Amusez-vous à découvrir les richesses des autres cultures.

Évaluation

Placez-vous en équipe pour évaluer votre travail. Utilisez la feuille remise. En grand groupe, faites ensuite la liste de ce que vous avez appris.

Dans l'histoire suivante, on te présente un père Noël un peu différent: pas de tuque à pompon, de grosses bottes ou de traîneau tiré par des rennes. Pourquoi? C'est qu'il vit à Tahiti! De quoi aurait-il l'air avec une tuque sous les palmiers?

Lis attentivement l'histoire de ce père Noël nouveau genre en t'imaginant en train de la jouer au théâtre. Quels décors devrais-tu créer? Quelles scènes aimerais-tu jouer?

Un père Noël au soleil

Papa se penche pour embrasser Maéva.

– Dis, papa, il existe, le père Noël? demande Maéva en remontant son drap paréo.

– Bien sûr, voyons, répond papa.

– Julie m'a dit qu'il volait dans le ciel dans un traîneau conduit par des rennes, c'est vrai, hein? interroge Maéva.

– Mais non, ce sont des histoires, le père Noël se déplace dans une pirogue tirée par des requins aux ailerons d'argent, dit papa en s'asseyant au bord du lit.

– Il ne vit donc pas dans les nuages! s'étonne Maéva.

– Oh non! Il vit sur une île du Pacifique dix fois plus petite que Tahiti, explique papa.

– Avec des lutins qui fabriquent les jouets, ajoute Maéva.

– Non, avec des crabes de cocotiers qui sont très doués pour faire toutes sortes de choses. Mais maintenant il faut dormir, dit papa en tapotant la joue de Maéva.

– Papa, c'est bien cette nuit qu'il va venir ? demande Maéva d'une toute petite voix.

– Oui, il faut vite que tu fermes tes yeux, dit papa en éteignant la lumière.

– Papa, s'il n'y a pas de neige et si notre arbre de Noël n'est pas un sapin, tu crois qu'il viendra quand même ? questionne Maéva, très inquiète.

– Oui, chut, il faut dormir, il ne va pas tarder, répond papa en fermant la porte de la chambre.

C'est la nuit, Maéva s'est enfin endormie. Le père Noël, quant à lui, se prépare pour sa grande tournée. Il enfile son costume short en paréo rouge et boit un grand verre de lait de coco pour être en forme.

De leur côté, les crabes râpeurs sont très affairés : les uns râpent des noix de coco, les autres emplissent le grand sac de coco râpé.

Les crabes constructeurs assemblent les dernières pièces des jeux dans les boîtes.

Les crabes emballeurs empaquettent les jouets dans de beaux papiers cadeaux imprimés de fleurs, de coraux, d'algues, de coquillages.

Et les crabes distributeurs rangent les paquets dans de grands sacs en paréo multicolores. La distribution va bientôt pouvoir commencer.

Le père Noël souffle dans sa conque pour prévenir ses deux compagnons. Aussitôt les requins aux ailerons d'argent s'attellent à la pirogue.

Tout le monde est prêt pour le voyage. Le crabe navigateur sort sa carte maritime et la tournée démarre. Toutes les étoiles se sont donné rendez-vous dans le ciel pour éclairer son chemin.

Le père Noël accoste à Tahiti. Il marche pieds nus pour ne pas faire de bruit. Dans chaque faré, il dépose ses cadeaux au pied de l'arbre de Noël.

Avant de partir, il n'oublie pas de saupoudrer l'arbre de neige tahitienne: noix de coco râpée, et il accroche une fleur de tiaré sur la porte.

Quand Maéva se réveille au petit matin, elle se précipite dans le salon. Elle n'en croit pas ses yeux! L'arbre de Noël est couvert de neige et entouré de cadeaux.

Sur le sol, on voit des traces de pieds laissées par du sable mouillé.

– Ça alors, dit Maéva, il ne porte même pas de bottes! Papa avait raison, c'est un drôle de père Noël!

Source: Magdalena, «Un père Noël au soleil» (ill.: Rémi Saillard),
dans *Contes, Comptines, Chansons de Noël*, p. 53 à 59. © Éditions Nathan, 1998.

Travail en équipe

1. Trouvez le sens des mots en couleur dans le texte lu. Nommez un ou une secrétaire qui prendra en note les définitions.

2. C'est le temps de jouer! Vous devenez acteur ou actrice et vos camarades deviennent des détectives. Suivez les consignes données sur la feuille qu'on vous remettra.

Travail individuel

3. Offre une carte de Noël! Maintenant que tu connais l'histoire d'un père Noël bien différent, imagine que ce père Noël part pour un autre pays. Comment serait-il habillé? À quoi ressemblerait son attelage? Trouve tout d'abord tous les éléments qui pourraient le décrire. Puis, fais ton dessin à la main ou à l'ordinateur. Plie ensuite une feuille blanche en quatre ou en deux. Reproduis ton dessin au propre, inscris un message à l'intérieur et offre cette carte à une personne de ton choix.

4. As-tu déjà lu une histoire ou vu un film qui mettait en vedette le père Noël? Ressemblait-il à celui décrit dans l'histoire des pages 112 à 114? Dans ton carnet, écris quelques mots sur ce film ou sur cette histoire en établissant des comparaisons avec l'histoire que tu viens de lire. N'oublie pas de bien indiquer la source. Tu peux aussi ajouter quelques mots, phrases ou expressions que tu aimes particulièrement.

Clés en main

Document reproductible 9

Les marqueurs de relation indiquant le temps

1. En équipe de deux, lisez les deux versions du texte présentées ci-dessous.

L'histoire des contes de Noël

Il n'y avait pas de télévision, les heures qui séparaient le dîner de la messe de minuit étaient bien longues. Pour occuper les enfants, on organisa des veillées où on racontait des histoires merveilleuses inspirées de la Nativité. C'est ainsi que naquirent les contes de Noël. Ces histoires prirent un tour profane. Les journaux commencèrent à publier chaque année un conte de Noël, qu'ils commandèrent aux plus grands écrivains.

L'histoire des contes de Noël

Autrefois, il n'y avait pas de télévision, les heures qui séparaient le dîner de la messe de minuit étaient bien longues. Pour occuper les enfants, on organisa des veillées où on racontait des histoires merveilleuses inspirées de la Nativité. C'est ainsi que naquirent les contes de Noël. **Peu à peu**, ces histoires prirent un tour profane. **Au XIXᵉ siècle**, les journaux commencèrent à publier chaque année un conte de Noël, qu'ils commandèrent aux plus grands écrivains.

Source: *Noël ici et ailleurs. Contes, coutumes, activités*, p. 27. Éditions Brepols.

a) Quelle différence remarquez-vous entre ces deux versions ?

b) Selon vous, qu'indiquent les mots ajoutés dans la version de droite ?

c) Comment appelle-t-on ces mots qui marquent le temps de l'histoire ?

d) Comparez votre réponse à la définition donnée dans la rubrique *Je comprends* (p. 116). Aviez-vous trouvé la même réponse ?

2. Lisez l'extrait suivant. Les marqueurs de relation exprimant le temps ont été remplacés par des chiffres.

Ulysse veut voir le vaste monde

①, Ulysse se mit en route. Il savait que la rivière allait vers la mer. Il suivit donc le courant. ②, Ulysse se trouva au milieu d'une vaste étendue d'eau parcourue de vaguelettes. La brume l'empêchait de distinguer l'autre côté. «Ceci doit être la mer, décida-t-il. J'espère qu'il n'y a pas de requins!»

La mer était très large et Ulysse dut nager longtemps. ③, il vit dans le lointain la terre ferme émerger de la brume. ④ il arriva au pied des montagnes, le soleil se couchait. ⑤, il atteignit enfin le sommet. La descente fut plus rapide que la montée. Devant lui, de l'autre côté des broussailles, s'étendait le désert. Ulysse poursuivit péniblement son chemin dans la nuit. ⑥, il gravit une colline et de là vit la savane couverte de hautes herbes qui s'étendait devant lui.

«Je suis arrivé! J'ai réussi!» s'écria-t-il.

Source: C. Leeson et T. Warnes, *Ulysse veut voir le vaste monde.* Éditions Mijade.

a) Associez chacun des marqueurs suivants à un chiffre dans le texte: *quand, aux premières lueurs de l'aube, dès le lendemain, enfin, bientôt, à la nuit tombante.*

b) Imaginez qu'Ulysse rencontre quelqu'un lorsqu'il croit apercevoir la mer (4e ligne de l'extrait). Qui pourrait-il rencontrer? Que pourrait-il arriver? Ajoutez une séquence de quelques phrases à ce récit en utilisant les marqueurs suivants: *d'abord, puis, ensuite* et *finalement.*

Je comprends | **Les marqueurs de relation indiquant le temps**

Lorsqu'on écrit un récit, on utilise des mots ou des expressions pour indiquer l'ordre dans lequel se déroulent les événements. Ces mots sont appelés *marqueurs de relation.* Ils indiquent **le moment précis** où se déroule l'action (*autrefois, à la nuit tombante...*), **un événement subit** (*tout à coup...*), **un événement qui a lieu après un autre** (*ensuite, après, finalement...*).

Les célébrations de Noël diffèrent d'un pays à l'autre à cause du climat, des coutumes et de la culture de chaque peuple. Cependant, en lisant les textes présentés ci-dessous, tu y découvriras des ressemblances avec les Noël d'ici, car certaines traditions sont universelles.

Noël sans frontières

Au Mexique

Les réjouissances débutent neuf jours avant Noël au Mexique. Des processions nocturnes sont organisées pour permettre aux gens de se rendre visite et d'admirer les maisons décorées avec des lanternes de papier multicolores. La veille de Noël, on tire un grand feu d'artifice et on fait sonner les cloches des églises.

Traditionnellement, les enfants ne reçoivent pas leurs cadeaux avant la fête des Rois, le 6 janvier. On les fait patienter en leur organisant des jeux. Un des plus populaires est la *piñata*. À ce jeu, on suspend à un arbre une cruche en terre cuite joliment décorée, remplie de friandises et de petits cadeaux. Les yeux bandés, les enfants tentent à tour de rôle de casser la *piñata* avec un bâton. Dans certains cas, on accroche, en plus du pot de gâteries, un pot plein d'eau et un autre plein de confettis. Bien malin qui saura éviter ces obstacles!

Les plats traditionnels de Noël, hérités des Amérindiens, sont le dindon au four, le poulet au romarin, les *manchamanteles* (poivrons piquants à la tomate) et le ragoût de viande au maïs et au poivron rouge.

PIÑATA

- Gonfler un ballon et lui attacher une ficelle.
- Recouvrir le ballon de papier mâché (bandes de papier journal d'environ 5 cm de large enduites de colle).
- Laisser sécher plusieurs heures.
- Peindre et décorer.
- Faire un trou d'un côté de la piñata et remplir de bonbons.
- Suspendre et jouer.

Au Sénégal

Noël est la fête du partage et de l'accueil au Sénégal. Les enfants ont quatre semaines de vacances à cette occasion. Ils en profitent pour jouer, mais aussi pour aider à récolter le café et les arachides. Le soir du 24 décembre, la place du village est envahie de monde, surtout d'enfants. On allume un grand feu qui éclaire les réjouissances. On chante et on danse toute la nuit au son des cloches, du balafon et de la lyre.

Il n'y a pas de sapins dans cette partie du continent. On utilise donc des palmiers ou des arbustes locaux qu'on orne de guirlandes et d'objets colorés.

Les Sénégalais et Sénégalaises aiment bien envoyer des cartes de souhaits décorées de morceaux de tissu ou de copeaux de bois. Ils sont également les champions de la récupération. Très habiles à recycler les récipients métalliques, ils fabriquent des jouets à partir de vieilles boîtes de conserve. En martelant le métal, ils lui donnent une nouvelle forme, puis le peignent de couleurs vives. Voilà des cadeaux peu coûteux et fort appréciés des enfants!

La fête de Noël est bien entendu l'occasion de se régaler de mets tous plus appétissants les uns que les autres, comme le poulet accompagné de riz, de piment et de feuilles de manioc.

Fondant au cacao

1 paquet de biscuits petits-beurre
150 ml de cacao en poudre
120 ml de sucre en poudre
120 ml de beurre mou
1 œuf

- Mélanger l'œuf, le sucre, le cacao et le beurre pour faire la crème au cacao.

- Couvrir six biscuits d'une couche de crème au cacao.

- Recommencer l'opération et monter ainsi en étages. Terminer par une couche de crème.

- Réfrigérer jusqu'au lendemain.

En Suède

L'arbre de Noël est une tradition bien vivante en Suède. Le sapin est choisi avec beaucoup de soin. Il doit être harmonieux et symétrique. Les décorations du sapin, souvent des figurines de paille (les chèvres et les boucs portent bonheur), sont simples et discrètes. La maison est aussi parée de fleurs. Les fenêtres sont décorées d'étoiles en papier de couleur (rouge de préférence), mais surtout de chandelles qui brillent de tous leurs feux.

Autrefois, les cadeaux étaient jetés à l'intérieur de la maison par un mystérieux personnage qui frappait très fort à la porte. C'est pourquoi on appelle encore cette tradition *joklap*, qui veut dire « coups de Noël ».

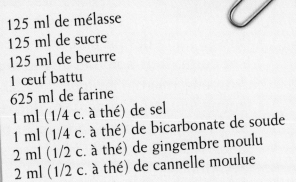

PEPPARKAKOR

125 ml de mélasse
125 ml de sucre
125 ml de beurre
1 œuf battu
625 ml de farine
1 ml (1/4 c. à thé) de sel
1 ml (1/4 c. à thé) de bicarbonate de soude
2 ml (1/2 c. à thé) de gingembre moulu
2 ml (1/2 c. à thé) de cannelle moulue

Préparation A

- Chauffer la mélasse jusqu'à ébullition. Laisser bouillir 1 min.

- Ajouter le sucre et le beurre et brasser jusqu'à ce que le beurre soit fondu.

- Laisser refroidir et ajouter l'œuf.

Préparation B

- Mélanger la farine, le sel, le bicarbonate de soude, le gingembre et la cannelle.

- Tamiser.

- Mélanger la préparation B et la préparation A.

- Couvrir avec un linge humide et réfrigérer pour la nuit.

- Sortir du réfrigérateur et laisser à la température de la pièce pendant 2 h.

- Rouler la pâte à biscuits et découper avec des emporte-pièces.

- Cuire à 190 °C (375 °F) de 6 à 8 min.

Une vieille tradition veut qu'on se réunisse la veille de Noël pour manger un repas fait simplement de morceaux de pain trempés dans le bouillon d'un jambon. Ce plat était autrefois le seul luxe que pouvaient s'offrir certaines familles. On mange aussi le poisson « à la lessive » et le porc sous toutes ses formes. En guise de desserts, les *pepparkakor* (biscuits au gingembre) sont très populaires.

En Russie

Un conte de Noël très connu en Russie est celui de Baboushka, mot qui signifie *grand-mère*. Assise dans sa hutte devant un bon feu, Baboushka entend des coups frappés à sa porte. Trois hommes étrangement vêtus, portant des offrandes dans leurs mains, l'invitent à les accompagner à Bethléem. Mais la vieille femme refuse. Le lendemain, déçue de sa décision, elle remplit son panier de jouets et de cadeaux et part à la recherche des hommes sages. Mais elle a perdu leurs traces. Elle voyage longtemps sans jamais les retrouver. Depuis ce temps, Baboushka visite chaque maison à Noël. Elle remet ses présents aux enfants puis se hâte vers une autre maison en disant: «Plus loin, Baboushka, plus loin.»

Le sapin est la seule décoration que les familles russes installent à Noël, qui a lieu le 7 janvier.

Au réveillon, on sert surtout des pâtés et des spécialités marinées ainsi que des desserts aux fruits comme la mousse aux pommes.

Les maisons sont ouvertes toute la journée et la nuit de Noël: les gens de passage sont accueillis chaleureusement. Les enfants chantent des hymnes devant les maisons du voisinage où ils reçoivent des bonbons.

Mousse aux pommes

4 pommes (sans pelure ni cœur)
2 blancs d'œufs montés en neige
5 ml (1 c. à thé) de gélatine neutre
 (en poudre)
45 ml (3 c. à soupe) de sucre
5 ml (1 c. à thé) de vanille

- Passer les pommes quelques minutes dans l'eau bouillante jusqu'à ce qu'elles soient molles.

- Les égoutter et y ajouter le sucre, la vanille et la gélatine. Fouetter.

- Laisser reposer 5 min et incorporer les blancs d'œufs (sans fouetter).

- Réfrigérer 1 h.

Les **matriochkas** sont des poupées gigognes, c'est-à-dire des poupées qui s'emboîtent les unes dans les autres. Elles sont un symbole de la Russie à travers le monde.

1. Répondez aux questions suivantes en grand groupe.

   a) Qu'est-ce qui vous a le plus intéressés dans cette lecture?

   b) Si c'était possible, dans lequel de ces pays aimeriez-vous vous retrouver pour fêter Noël? Expliquez pourquoi.

   c) On dit souvent que Noël n'est plus qu'une fête commerciale. Qu'en pensez-vous? Qu'est-ce qui est le plus important pour vous à Noël?

2. Comparez les Noël d'ailleurs avec ceux d'ici en remplissant un tableau semblable à celui-ci:

Pays	Différences	Ressemblances
Mexique	• Début des Fêtes: 9 jours avant Noël • Processions nocturnes	• Cloches de l'église qui sonnent

Placez-vous en équipe de deux ou trois pour faire le travail. Nommez un animateur ou une animatrice (qui posera les questions et recueillera les réponses), un ou une secrétaire (qui remplira le tableau) et un ou une porte-parole (qui présentera les réponses). Utilisez la feuille qu'on vous remettra.

Par la suite, présentez vos réponses en grand groupe. Nommez la différence et la ressemblance qui ont été relevées par le plus grand nombre d'élèves.

Puis, trouvez ce que vous avez appris de nouveau en lisant ces textes.

3. Individuellement, prenez quelques minutes pour laisser des traces de votre lecture dans votre carnet. Trouvez une façon intéressante et originale de le faire.

Les Noël de chez nous

Des drôles d'aventures, il en arrive à tout le monde. Voici celle qu'a vécue l'artiste Grégory Charles un soir de Noël. Prends quelques minutes pour lire son histoire. Par la suite, tu nous raconteras la tienne.

Le ténor de l'Oratoire

Grégory Charles

C'était, pour moi et mes amis, notre première prestation. Nous étions une vingtaine à former le groupe des «minis» au sein de la chorale des Petits Chanteurs du Mont-Royal. La messe de minuit de l'oratoire Saint-Joseph était l'événement auquel on nous préparait depuis un an et demi. Durant cette période de formation, nous ne pouvions participer aux concerts, notre talent n'étant pas encore au point. [...]

La messe de minuit de mes neuf ans fut ma première activité d'importance avec le Grand Chœur du Mont-Royal. L'oratoire Saint-Joseph était bondé! Quatre mille paroissiens s'y étaient rassemblés pour fêter la naissance du Christ. Tous les célébrants de messe étaient là également, tous les officiels pour ainsi dire! Quelque chose de grandiose et de magnifique se préparait... Les cent quarante chanteurs, l'orchestre, le recueillement et l'excitation... Tout y était!

Solennellement, nous traversâmes la basilique de l'Oratoire pour rejoindre la place réservée au chœur, non loin de l'autel où la messe serait célébrée. Nous nous plaçâmes comme prévu, les plus petits au premier rang, et le ténor monta dans le jubé, près de l'organiste. [...]

Après une très longue introduction des musiciens, Paul Trépanier, le ténor en question, se prépara à chanter le «Minuit, Chrétiens», moment attendu par tout le parterre réuni dans ce lieu saint...

Il ouvrit la bouche pour entonner le célèbre cantique et... pour une raison que Dieu seul connaît, je me mis à chanter le «Minuit, Chrétiens» à sa place! Quelle honte! Seigneur, faites que je disparaisse.

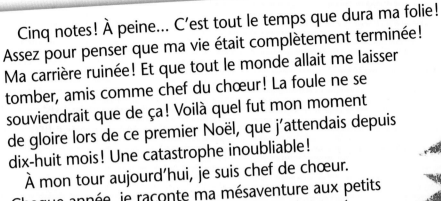

Cinq notes! À peine... C'est tout le temps que dura ma folie! Assez pour penser que ma vie était complètement terminée! Ma carrière ruinée! Et que tout le monde allait me laisser tomber, amis comme chef du chœur! La foule ne se souviendrait que de ça! Voilà quel fut mon moment de gloire lors de ce premier Noël, que j'attendais depuis dix-huit mois! Une catastrophe inoubliable!

À mon tour aujourd'hui, je suis chef de chœur. Chaque année, je raconte ma mésaventure aux petits chanteurs de Laval! Aucun n'a encore jamais osé chanter à la place du ténor! Heureusement, car depuis trois ans, le ténor qui chante le «Minuit, Chrétiens»... c'est moi!

Source : Marc Deulceux, *Le Noël des artistes*, p. 18-19.
Texte de Grégory Charles. Éditions Québec Amérique, 1997. © Productions Grégory inc.

Comme Grégory Charles, il t'est sûrement déjà arrivé de vivre ou d'être témoin d'une aventure cocasse pendant la période des Fêtes. Raconte-nous cette aventure... pour qu'on te connaisse un peu mieux ou qu'on en apprenne davantage sur les Noël d'ici!

Suis la démarche suivante.

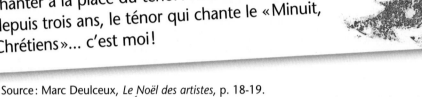

Je planifie

Réfléchis à l'anecdote que tu as envie de partager. Où étais-tu? Qui était là? Comment cela s'est-il passé? Remplis l'organisateur qu'on te remettra pour ne rien oublier. Tu peux aussi choisir un beau moment que tu veux garder en mémoire.

Je rédige

À l'aide de ton organisateur, rédige ton anecdote de Noël. Compose un court texte d'une dizaine de phrases qui décrit bien l'événement. Raconte ton aventure dans l'ordre chronologique.

Fais des phrases complètes et sers-toi de quelques marqueurs de relation pour créer des liens entre les idées.

Décris aussi les émotions que tu as vécues à ce moment-là; cela rendra ton histoire encore plus intéressante. Utilise un vocabulaire précis.

Je révise et je corrige

En équipe de deux, révisez et corrigez votre texte. À tour de rôle, vérifiez d'abord si votre histoire est claire en la lisant à voix haute. Vérifiez ensuite si vous avez raconté votre aventure dans l'ordre chronologique.

Attardez-vous maintenant à chaque phrase :

- Vérifiez si vous avez bien écrit des phrases complètes, qui commencent par une majuscule et se terminent par un point.

- Est-ce que chaque phrase se dit bien ? Améliorez celles que vous aimez moins en ajoutant, en remplaçant ou en déplaçant des mots.

- Vérifiez l'orthographe des mots. Utilisez le dictionnaire et vos banques de mots lorsque vous doutez.

- Vérifiez les accords dans les groupes du nom en utilisant la démarche apprise.

- Accordez les verbes avec leur sujet. Consultez les tableaux de conjugaison au besoin.

Je mets au propre

Transcris maintenant ton texte au propre. Soigne ta calligraphie. Souligne ta plus belle phrase. Relis la version finale pour t'assurer que tous les mots sont là. Ajoute un dessin pour illustrer ton texte.

Je présente

Lis ton anecdote de Noël à tes camarades et écoute les leurs. Ainsi, tu pourras mieux connaître comment se déroule cette fête dans les autres familles. Place ensuite ton texte dans ton portfolio.

Document reproductible
12

Je m'évalue

Évalue la façon dont tu as révisé et corrigé ton texte. Porte un jugement sur l'effet créé par ton anecdote sur les autres élèves.

Clés en main

Document reproductible
13

Mes mots

au carnaval	éternel	son malheur	ma mission
cent	éternelle	une merveille	la mode
notre conclusion	étrange	merveilleux	naître
un conte	une faim	merveilleuse	neiger
conter	imaginaire	mille	un seigneur
d'abord	impossible	un mille	soudain
le/la domestique	leur introduction	un million	tout à coup
un don	longtemps	le minuit	cette valeur
ce dragon	lorsque		
notre époque	un lutin		

Mes verbes conjugués

METTRE				PRENDRE			
PASSÉ COMPOSÉ				PASSÉ COMPOSÉ			
			Participe passé				Participe passé
Personne	Auxiliaire	Radical	Terminaison	Personne	Auxiliaire	Radical	Terminaison
j'	ai	mis		j'	ai	pris	
tu	as	mis		tu	as	pris	
il/elle	a	mis		il/elle	a	pris	
nous	avons	mis		nous	avons	pris	
vous	avez	mis		vous	avez	pris	
ils/elles	ont	mis		ils/elles	ont	pris	

1. Qui suis-je? Trouve les réponses dans le tableau *Mes mots*.

    a) Un adjectif qui est le contraire de *possible*.

    b) Un adjectif contenant des consonnes jumelles au féminin seulement.

    c) Un adjectif dont le *s* se prononce comme un *z*.

    d) Un mot invariable formé d'un adjectif et d'un nom.

    e) Un nom contenant un *h* muet.

    f) La partie du texte qui se trouve au début.

    g) La partie du texte qui se trouve à la fin.

    h) Un homophone du nom *fin*.

    i) Un mot invariable composé de trois mots.

    j) Un mot invariable qui rime avec *lutin*.

    k) Un adjectif qui rime avec *fer*.

2. Dans chaque série donnée, deux mots ont un lien de sens. Sur la feuille remise, entoure ces mots et dis quel lien les unit.

Ex.: poule, (râteau, bouche)   Lien: ils ont des dents.

a) époque, année, lutin

b) conclusion, domestique, introduction

c) conte, roman, carnaval

d) cent, million, minuit

3. Voici un jeu amusant qui va t'aider à mémoriser l'orthographe des mots de la page 125. Formez une équipe de quatre et suivez les consignes.

- Au signal donné par votre enseignant ou enseignante, observez pendant une minute les mots du tableau *Mes mots* (p. 125).

- Fermez ensuite votre manuel et écrivez les mots dont vous vous souvenez.

- Comparez ensuite vos listes de mots et complétez-les. Discutez de l'orthographe des mots dont vous doutez.

- Finalement, consultez le tableau *Mes mots* pour vérifier votre liste. Accordez-vous deux points pour chaque mot trouvé et orthographié correctement, et un point pour chaque mot trouvé mais contenant une erreur orthographique. Calculez vos points.

4. Que dirais-tu de créer une courte histoire de dragons? Rédige quelques phrases:

- en utilisant des marqueurs de relation;

- en employant des verbes à l'imparfait ou au passé composé.

5. Dans chaque phrase, remplace le verbe *dire* par un synonyme.

a) Un panneau routier nous dit qu'il faut aller dans cette direction.

b) Les voyageurs disent qu'ils partiront demain.

c) Il n'est pas facile de dire ses idées dans une langue étrangère.

d) À mon retour, je vous dirai ce qui s'est passé.

La culture, c'est comme les confitures...

Allô grand-maman!

Quel beau voyage nous faisons! Nous sommes présentement à Mayence, en Allemagne. Hier, nous avons visité le musée Gutenberg. Nous nous promenons beaucoup et mangeons plusieurs mets... différents!

Maman m'a offert un carnet de voyage dans lequel je peux écrire ce que nous faisons et coller des photos, des images, des dessins de tout ce que nous voyons. Ce sera un beau souvenir!

J'ai hâte de te revoir pour te raconter tout ça!

Ta petite sauterelle

Grand-mère Flore

123, chemin du Grand-Saule

Hudson (Québec)   J0P 1H0

CANADA

Carnet de voyage de Sarah

Date:

27 décembre

Temps qu'il fait:

Journée ensoleillée!

Pensée du jour:

Avec ses quatre dromadaires
Don Pedro d'Alfaroubeira
Courut le monde et l'admira.
Il fit ce que je voudrais faire
Si j'avais quatre dromadaires.
        Guillaume APOLLINAIRE

Souvenirs de voyage:

Je me sens un peu comme une exploratrice qui découvre un nouveau monde... C'est peut-être à cause du décalage horrible... euh!... horaire: ici, il est six heures plus tard que chez nous. Pas étonnant que j'aie eu de la difficulté à rester éveillée pour souper hier!

Aujourd'hui, nous nous sommes promenés dans la ville de Mayence. La ville est située sur la rive du Rhin, un fleuve important d'Allemagne. Les habitants sont très fiers de leur célèbre Gutenberg, car il y a beaucoup d'endroits qui portent son nom: un musée, une rue, un café...

J'ai aussi aperçu une affiche annonçant le ballet **Casse-Noisette**. Félix s'est rappelé que l'auteur était allemand. J'aimerais bien y assister. Je me demande comment est la ballerine qui joue le rôle de Clara...

Cathédrale
de Mayence

La cathédrale de Mayence est une merveille! Elle a été construite vers l'an 1200. J'y ai vu quelque chose qui m'a fait penser à Gutenberg: devant la très ancienne cathédrale, un jeune homme, probablement un étudiant, écrivait sur son ordinateur portable. Ça faisait drôle de voir, comme ça, ensemble, le très ancien et le moderne.

Je me demande ce que l'inventeur de l'imprimerie penserait de l'ordinateur. Il en serait probablement enthousiasmé, lui qui voulait répandre l'accès à l'information...

Date:
28 décembre
Temps qu'il fait:
Belle journée encore, mais un peu frais!

Pensée du jour:
J'aimerais glisser dans les airs
Et traverser la stratosphère
Pour découvrir tout l'univers
À cent millions d'années-lumière.
Pierre ROY

Souvenirs de voyage:
Un vieux proverbe prétend que «partir, c'est mourir un peu». Eh bien! Je ne sais pas qui a pensé à cela, mais il avait raison! Je suis partie visiter un musée et je suis revenue morte de fatigue!

J'ai découvert aujourd'hui des artistes allemands. On connaît les fameux frères Grimm qui ont écrit **Blanche-Neige et les sept nains**, **Hänsel et Gretel**, etc.

Beethoven

Il y a aussi le compositeur Ludwig van Beethoven. Quelle belle musique il a écrite! Quand j'étais bébé, maman me faisait jouer la **Sonate à la lune** pour m'endormir. Et elle devait sûrement me faire entendre la **Cinquième Symphonie** pour me réveiller! Je ne savais pas que Beethoven était devenu sourd... Le pauvre! Lui qui ne vivait que pour la musique... il ne pouvait plus l'entendre que dans sa tête!

De nombreux autres artistes sont originaires d'Allemagne. Mais ce pays a aussi donné naissance à de grands inventeurs. Savais-tu qu'Albert Einstein était allemand? Il y a aussi un monsieur Fahrenheit: facile de deviner ce qu'il a inventé, celui-là!

Il y a un autre proverbe qui dit que « les voyages forment la jeunesse ». C'est vrai ! Nous avons appris des tas de choses. Et quand on apprend, on comprend mieux les autres.

Dans l'ancien temps, les gens croyaient en bien des histoires qui se sont révélées fausses. Heureusement, les découvreurs et les aventuriers ont permis de découvrir le monde et d'expliquer de nombreux phénomènes.

La culture, c'est comme les confitures : il y en a plusieurs sortes... et ça permet de faire changement une fois de temps en temps !

Mes premiers mots en allemand :

livre : Buch

pomme : Apfel

banane : Banane

chocolat : Schokolade

s'il vous plaît : bitte

merci : danke

mademoiselle : Fräulein

Qu'est-ce que c'est ? Was ist das ?

Document reproductible
14

Clés en main

Les finales des verbes (2ᵉ partie)

1. Comment les gens s'habillent-ils dans les pays chauds? dans les pays froids? Lis le texte suivant pour en apprendre un peu plus sur le sujet. Place-toi ensuite en équipe de deux pour faire le travail demandé.

À chacun ses vêtements

Les gens portent différents vêtements selon l'endroit où ils habitent.

Dans les pays chauds, les vêtements amples et légers permettent de se protéger de la chaleur. Ainsi, les Africains et les Africaines portent le boubou et les Indiennes préfèrent le sari. Si le taux d'humidité et la chaleur sont très élevés dans un pays, ses habitants se couvrent souvent peu. Par exemple, les Tahitiens et les Tahitiennes portent le paréo.

À l'opposé, les vêtements chauds sont essentiels pour se protéger contre les rigueurs de l'hiver. Ainsi, les Inuits et les Inuites du nord du Canada se chaussent de bottes doublées de fourrure.

◄ Indiennne en sari

a) En utilisant les stratégies que vous connaissez, repérez tous les verbes conjugués de ce texte.

b) Quelles stratégies avez-vous utilisées?

c) Trouvez le groupe du nom (GN) sujet ou le pronom sujet de chaque verbe repéré.

d) Quelles stratégies avez-vous utilisées?

e) Classez maintenant les verbes et leurs sujets dans un tableau semblable à celui-ci:

Verbe conjugué	GN ou pronom sujet
portent	les gens (ils – 3ᵉ p. pl.)

f) Dans votre tableau, remplacez chaque groupe du nom sujet par un pronom personnel. Écrivez le nombre et la personne de chacun de ces pronoms.

g) Par quels pronoms avez-vous remplacés les GN ? À quelle personne sont ces pronoms ?

h) Quelle est la finale des verbes dont le sujet est un pronom de la 3ᵉ p. pl. ou un groupe du nom pluriel ?

i) Comparez la réponse trouvée en h) aux explications données dans la rubrique *Je comprends.* Que remarquez-vous ?

2. Lisez le texte suivant.

À chacun son toit

Les maisons sont très différentes selon les régions du monde.

En Afrique du Nord, les maisons sont en terre. Elles ont des murs épais troués de petites fenêtres pour se protéger de la chaleur du soleil.

Les Mongols d'Asie, peuple de nomades, habitent dans des yourtes. Ces tentes rondes sont faciles à transporter.

Quand l'espace est limité comme au Japon, on construit des tours d'habitation. Ces édifices abritent de nombreux appartements.

Dans de nombreuses villes d'Indonésie, situées près des marais et des fleuves, on vit dans des maisons sur pilotis. Dans ce type d'habitation, tout est assez haut pour éviter les risques d'inondation.

◄ Maison sur pilotis

a) Classez tous les verbes conjugués dans un tableau comme celui-ci :

Verbe conjugué	GN ou pronom sujet
sont	les maisons (elles – 3ᵉ p. pl.)

b) Placez-y les groupes du nom ou les pronoms sujets de ces verbes.

c) Remplacez chaque groupe du nom par un pronom.

d) À côté de chaque pronom, écrivez le nombre et la personne.

3. Individuellement, compose un court texte qui décrit l'habillement des Québécois et des Québécoises selon les saisons.

Souligne chaque verbe et trouve son sujet. Fais une flèche qui va du sujet vers le verbe. Vérifie l'accord des verbes.

Je comprends

Les finales des verbes

Un verbe qui a pour sujet un groupe du nom ou un pronom de la **troisième personne du pluriel** (*ils, elles*) a pour finale les lettres *nt*.

Ex. : Elles se couvre**nt** d'un manteau.
Ils se couvriro**nt** d'un manteau.
Les Inuits se couvraie**nt** d'un manteau.

Je lis, tu lis, nous lisons...

Pourquoi le caméléon change-t-il de couleur? Pourquoi le ciel est-il étoilé? Pourquoi les conifères restent-ils toujours verts? Que répondriez-vous à ces trois questions? Prenez quelques minutes pour y réfléchir. Puis, placez-vous en équipe de quatre pour discuter de vos hypothèses. Choisissez la question qui vous intrigue le plus. Lisez le conte et le texte explicatif qui s'y rattachent. Reconstituez le schéma de récit, puis validez vos hypothèses.

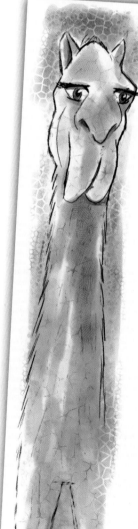

Pourquoi le caméléon change-t-il de couleur?
(conte arabe)

Il y a très, très longtemps, alors que notre monde n'existait pas encore, le Grand Inventeur apparaît dans l'espace. Il s'écrie:

– Ce matin, j'invente le monde!

Il crée aussitôt les océans, les rivières et les lacs. Ensuite, il crée les montagnes et les plaines. Puis, il met des forêts par-ci, par-là.

Enfin, il crée une multitude d'animaux de toutes les formes et de toutes les couleurs. Des bêtes à plumes et à poil. Des animaux qui marchent et qui grimpent. D'autres qui volent et qui nagent. Il trouve à chacun une demeure qui lui convient. Il est satisfait de son travail.

Tout à coup, il entend un cri de détresse. Qui est-ce donc? C'est le caméléon. Le Grand Inventeur a oublié de lui désigner un logis.

– Où vais-je aller? se lamente le caméléon.

Le Grand Inventeur est bien embêté. Il a épuisé toutes ses ressources. Mais il a toujours de bonnes idées. Il réfléchit vite et dit au caméléon:

– Voici ce que je te propose : tu peux aller où bon te semble et changer de demeure au gré de tes envies. Toi, tu seras chez toi partout.

– C'est parfait ! dit le caméléon. Je suis très content.

Le caméléon file devant lui. En premier, il choisit d'aller dans le désert. Sa peau devient alors beige comme le sable. Comme c'est amusant ! Le caméléon se sent bien chez lui.

Et c'est ainsi qu'à partir de ce jour, le caméléon change de couleur de peau selon le lieu où il s'installe. Quand il niche au cœur des feuilles d'un palmier, il est bien vert. Et s'il s'endort au soleil, sur un gros melon mûr, il est jaune. C'est un fameux privilège de pouvoir changer ainsi de couleur. Ainsi, le caméléon ne craint pas de voyager, car il est toujours en sécurité.

À la fin du jour, le Grand Inventeur observe le monde qu'il a créé. Il est heureux, car toutes les bêtes sont contentes. Enfin, fatigué de sa journée, il s'en va se reposer.

Parmi les animaux, le plus content de tous, c'est sans nul doute le caméléon.

Adaptation de Cécile Gagnon.

Pourquoi le caméléon change-t-il de couleur ?

Le caméléon change de couleur grâce aux sécrétions chimiques que produit son cerveau. Les sécrétions varient en fonction de la lumière, de la température, de l'humidité ainsi que des émotions du caméléon. Ces sécrétions agissent sur les cellules qui donnent à la peau sa coloration. Ces cellules se trouvent sous la peau transparente du caméléon et forment quatre couches. La couche supérieure est constituée de pigments jaunes et rouges. En dessous, on rencontre deux autres couches : l'une reflète la lumière bleue, l'autre, la blanche. La dernière couche contient un pigment brun foncé. Ce sont donc ces couches pigmentaires, activées par les sécrétions chimiques, qui permettent au caméléon de porter toutes les couleurs.

Pourquoi le ciel est-il étoilé ?
(conte apache)

C'était il y a longtemps... lorsque les hommes avaient un gros problème: le ciel était trop bas.

Il était si bas qu'il n'y avait pas de place pour les nuages. Il était si bas que les arbres ne pouvaient pas pousser. Il était si bas que les oiseaux ne pouvaient pas voler. S'ils essayaient, ils se heurtaient aux arbres et aux nuages.

Mais ce qui était plus pénible encore, c'était que les hommes adultes ne pouvaient pas se tenir debout, bien droits comme leur corps le leur demandait. Ils devaient marcher tout penchés, en regardant leurs pieds et ne voyaient pas où ils allaient.

Les enfants ne connaissaient pas ce problème. Ils étaient petits. Ils pouvaient se lever aussi droits qu'ils le souhaitaient. Ils ne marchaient pas en regardant leurs pieds et pouvaient voir où ils allaient.

Ils savaient par contre qu'un jour, ils deviendraient des adultes et qu'ils devraient marcher tout penchés en regardant leurs pieds à moins que quelque chose ne se passe.

Un soir, tous les enfants se réunirent et ils décidèrent de relever le ciel. Les quelques adultes qui les écoutaient rièrent sous cape, mais soudain ils virent les enfants lever de longs poteaux vers le ciel. Un, deux, trois, quatre... un cri énorme retentit – unnn-uhhhhhh.

Mais rien ne se passa. Le ciel restait comme il avait toujours été. Les arbres ne pouvaient toujours pas grandir. Les oiseaux ne pouvaient toujours pas voler. Il n'y avait toujours pas de place pour les nuages et les adultes marchaient toujours courbés en regardant leurs pieds sans voir où ils allaient.

Le lendemain, les enfants recommencèrent avec des poteaux plus longs. Un, deux, trois, quatre... un cri énorme retentit – unnn-uhhhhhh. Mais rien ne se passa.

Le soir suivant, les enfants qui étaient persévérants essayèrent encore. Ils prirent des poteaux encore plus longs. Un, deux, trois, quatre... un cri énorme retentit – unnn-uhhhhhh. Mais rien ne se passa.

Le quatrième soir, ils trouvèrent de très très très longs poteaux, les plus longs qu'ils purent trouver et ils se mirent à compter: un, deux, trois, quatre... un cri énorme retentit – unnn-uhhhhhh et le ciel se souleva.

Depuis ce jour, le ciel est à sa place. Les arbres peuvent pousser, les oiseaux peuvent voler sans se heurter aux troncs et aux branches. Les nuages ont de la place pour aller et venir, et les hommes peuvent se tenir droits en regardant le ciel.

Mais le plus extraordinaire, c'est que lorsque le soleil se coucha la nuit suivante et qu'il commença à faire sombre, le ciel troué par les poteaux des enfants se mit à scintiller. Dans chaque trou, il y avait une étoile.

Pourquoi le ciel est-il étoilé?

Dans le ciel, il y a notre Lune, les planètes et leurs lunes ainsi que le Soleil. Un million de fois plus loin que ces astres, il y a d'autres soleils. Nos étoiles, ce sont ces soleils. Elles naissent au cœur de gigantesques nuages de poussière et de gaz qu'on appelle *nébuleuses*. Les étoiles sont d'énormes boules de gaz brûlant. Elles sont si chaudes qu'elles brillent.

Source: © Clo7 Créations. D.R.

Pourquoi les conifères restent-ils toujours verts ?
(conte scandinave)

Il y a bien longtemps, dans les forêts du Grand Nord, vivait un jeune merle. Pendant l'été, il avait bien grandi et était devenu un merle fort et robuste qui chantait comme son père, son grand frère, ses oncles et ses cousins.

La veille du grand départ vers le sud, tous les oiseaux participaient au dernier vol d'entraînement lorsqu'un grand héron heurta le jeune merle de plein fouet.

– Tu ne peux pas faire attention, abruti ! s'exclama le héron en colère. Il faut bien se dire que la colère du héron cachait le fait qu'il se savait en faute.

Notre ami, le jeune merle, sonné par le coup, tomba sur le sol comme une feuille d'automne. Son aile le faisait souffrir et elle pendait bizarrement. Il avait terriblement mal.

– Ton aile est cassée, lui dirent les vieux merles, forts de leur expérience. Tu ne pourras pas nous accompagner demain, car tu te noierais à coup sûr dans la mer. Tu vas être obligé de rester et de passer l'hiver ici. Il faut te trouver un abri dans la forêt. Au printemps, nous passerons te reprendre.

Le jeune merle était effrayé. Il n'avait pas le choix. Il lui fallait rester et c'est bien triste qu'il regarda, le lendemain, ses parents et ses amis s'envoler vers le ciel sans tache d'Afrique. Il les regarda longtemps jusqu'à ce qu'ils ne se distinguent plus dans le ciel. Le cœur gros et les plumes tristes, il se mit à la recherche d'un abri. Mais où trouver un coin pour passer l'hiver dans cette grande forêt ?

Il avait marché longtemps lorsqu'il rencontra un vieux chêne imposant.

– Dites-moi, Monsieur le Chêne, puis-je, s'il vous plaît, construire un nid entre vos grandes branches ? Je ne peux pas

138

m'envoler vers les régions chaudes, car je me suis cassé une aile. Ce ne sera que pour un hiver! Me le permettez-vous, s'il vous plaît?

Le chêne baissa la tête avec indignation.

– Ça non, alors! répondit-il d'un air outré. Il n'en est pas question! Cherche un autre arbre. Si tu as faim cet hiver, tu mangeras tous mes glands et je deviendrai un chêne sans glands dont les autres se moqueront. Pas question que je fasse ça!

Plus triste encore, le jeune merle partit à la recherche d'un autre arbre. Il arriva bientôt près d'un magnifique bouleau dont les feuilles ondulaient doucement au vent. Il paraissait tellement accueillant, tellement beau et tellement gentil que le merle osa lui adresser la parole.

– Dites-moi, Monsieur le Bouleau, peut-être m'autoriseriez-vous à chercher refuge entre vos branches contre le vent du nord? Je dois trouver un abri sans quoi, je vais mourir gelé. Ce ne sera que pour un hiver. Lorsque le printemps reviendra, je chercherai un autre abri, mais mon aile est cassée et je ne peux aller nulle part ailleurs.

Le bouleau haussa les sourcils, plissa profondément le front et très en colère, il répondit en agitant ses branches et en criant:

– N'es-tu pas un peu fou? dit-il d'un air méprisant. Garder mes propres feuilles me donne déjà suffisamment de travail. J'ai besoin de toutes mes branches. Je ne peux en sacrifier une seule pour te protéger. Cherche donc quelqu'un d'autre! [...]

Fatigué, le merle s'éloigna bien décidé à ne plus demander protection à personne puisque de toute façon, personne ne voulait l'aider. Il erra dans les bois touffus pendant six jours et six nuits, mais tous les arbres avaient eu vent de son histoire par le chêne et le bouleau et détournaient la tête dès qu'ils le voyaient.

Le septième jour, le merle arriva dans une clairière où se tenaient trois arbres les uns à côté des autres: un sapin, un pin et un genévrier.

– Où vas-tu? demanda le grand pin, étonné. Il y a bien longtemps que tu devrais être dans un chaud pays du sud. Tu vas geler si tu ne pars très vite.

– Je sais bien, répondit tristement le merle. Je me suis cassé une aile et je n'arrive plus à voler. Je cherche désespérément un abri pour l'hiver dans cette forêt, mais personne n'a de place pour moi.

Le sapin, le pin et le genévrier se regardèrent en souriant.

– Si tu veux, tu peux rester auprès de nous, dit le grand pin, chaleureusement. Construis ton nid entre mes branches. Je suis suffisamment grand et fort pour te protéger contre tout danger.

– Mes branches sont suffisamment touffues pour arrêter le vent du nord, dit le sapin. Construis ton nid entre ses branches les plus épaisses, mais reste près de moi. De cette manière, tu ne sentiras pas le vent d'hiver.

– Quant à moi, tu pourras te nourrir de mes baies tout l'hiver, ajouta le genévrier. J'en ai suffisamment. Tu pourras t'en rassasier.

Reconnaissant, le merle construisit son nid dans les branches du pin, juste à côté du sapin, comme celui-ci le lui avait proposé. Chaque jour, il pouvait manger des baies de genévrier. Le merle était heureux avec ses trois bons amis et, de son nid, il leur chantait chaque jour sa chanson la plus mélodieuse en guise de remerciement.

Lorsque le vent du nord arriva, un frisson parcourut la forêt. Le vent souffla d'abord toutes les feuilles du chêne et les fit tourbillonner jusqu'à ce qu'elles forment un tapis sur le sol. Il s'approcha ensuite du bouleau et lui arracha également toutes ses feuilles en riant et en mugissant. Le bouleau résista de toutes ses forces, mais le vent du nord était plus fort que lui. Après son passage, le bouleau resta là, les branches nues, à frissonner de froid. [...] Le vent du nord arriva ensuite près du sapin, du pin et du genévrier.

– Ah, ah ! Voilà encore quelques arbres verts, dit le vent en poussant des cris de joie.

– Stop, retentit soudain une voix forte. C'était le roi Hiver qui passait par le bois, la tignasse blanche comme neige et des stalactites pendues à ses mains.

– Laisse ces trois arbres tranquilles, commanda-t-il. Je n'ai pas pitié des autres, mais ces trois-là ont aidé un jeune merle qui demandait de l'aide. Comme récompense, ils pourront rester verts pour toujours.

Le vent du nord jeta un coup d'œil étonné à travers les branches du pin. Il aperçut le petit merle à l'abri dans son nid douillet et fut attendri.

– Vous avez raison! acquiesça-t-il, ému. Je vais les laisser en paix.

Voilà pourquoi, depuis ce jour, tous les pins, sapins et genévriers restent aussi verts l'hiver que l'été.

Pourquoi les conifères restent-ils toujours verts?

L'hiver, les arbres (feuillus et conifères) manquent d'eau. Comme l'eau est gelée dans le sol, ils ne peuvent pas «boire» à leur guise... Ils doivent donc éviter de perdre de l'eau. Comme les feuillus possèdent des feuilles larges et minces qui laissent échapper beaucoup d'eau, ces arbres perdent leurs feuilles avant l'hiver. Les conifères, par contre, restent verts parce que leurs petites feuilles transpirent peu et sont recouvertes d'une couche de cire.

1. Utilisez les feuilles qu'on vous remettra pour effectuer les tâches suivantes.

   a) Complétez le schéma de récit pour reconstituer l'organisation des idées du conte. Pour vous aider, surlignez les renseignements sur le texte qu'on vous remettra.

   b) Comparez les différentes explications: celle du conte, celle du texte informatif et la vôtre.

   c) Présentez vos réponses aux autres élèves de la classe.

2. Individuellement, choisissez une façon intéressante de laisser des traces de votre lecture dans votre carnet.

À vos plumes

Un conte en pourquoi

Que dirais-tu de composer un conte en pourquoi à partir d'une des deux questions suivantes : *Pourquoi la neige est-elle blanche ? Pourquoi les animaux ne sourient-ils pas ?* Choisis la question qui t'inspire davantage. Puis, imagine un conte que tu offriras en cadeau à un ou une élève de ta classe.

Suis la démarche qu'on te propose.

Document reproductible 16

Je planifie

Suis les consignes données par ton enseignant ou enseignante pour choisir au hasard le nom de l'élève à qui tu offriras ton conte. Puis, en t'inspirant d'une des deux questions proposées, imagine mentalement ton histoire. Quand se déroule-t-elle ? Où se passe-t-elle ? Quels en sont les personnages ? Quel est l'élément déclencheur (problème) ? Que font les personnages pour régler leur problème ? Décris ou invente deux tentatives de solution. Comment l'histoire se termine-t-elle ? Pour organiser tes idées, remplis le schéma de récit qu'on te remettra.

Document reproductible 17

Je rédige

À partir des idées inscrites sur ton schéma de récit, rédige ton histoire (situation de départ, élément déclencheur, première tentative de solution, seconde tentative de solution, fin). N'oublie pas d'utiliser des marqueurs de relation pour faire des liens entre ces idées.

Raconte l'histoire comme si tu l'avais vue dans un film.

Lorsque tu fais parler les personnages, utilise les tirets. Change de ligne chaque fois qu'un personnage prend la parole. Pour t'aider à bien présenter les dialogues de ton texte, observe ceux du conte des pages 138 à 141.

Je révise et je corrige

Relis ton conte. Vérifie s'il a du sens et s'il suit l'ordre chronologique.

Assure-toi que chaque phrase est claire et bien construite. Améliore les phrases qui te semblent incorrectes ou moins intéressantes.

Vérifie ensuite l'orthographe des mots en plaçant un ? au-dessus des mots dont tu doutes. Consulte un dictionnaire et tes banques de mots pour faire tes vérifications.

Vérifie les accords dans les groupes du nom et accorde les verbes avec leur sujet en utilisant, chaque fois, la démarche apprise.

Je mets au propre

Utilise ta plus belle écriture puisque tu offriras ton conte en cadeau. Relis-le attentivement pour vérifier qu'il ne manque aucun mot. Illustre-le.

Ensuite, ton enseignant ou enseignante te remettra l'explication scientifique de la question que tu avais choisie. Lis-la et place-la avec ton conte. Note les différences et les ressemblances avec ton texte.

Je présente

Remets ton travail à l'élève que tu as choisi au hasard. Demande-lui de venir commenter ta création lorsqu'il l'aura lue.

Je m'évalue

Qu'as-tu trouvé le plus difficile dans la rédaction d'un conte? Qu'as-tu trouvé le plus facile? Qu'as-tu le plus apprécié?

Clés en main

Mes mots

un **abri**	cet **endroit**	ton **logement**	le **peuple**
abriter	environ	magasiner	**plusieurs**
mon **appartement**	l'**étage**	ce **palais**	notre **propriétaire**
(app.)	fêter	le **parc**	une **propriété**
la **cabane**	la **galerie**	parent	un **restaurant**
le **camp**	une **garderie**	parente	une **roulotte**
camper	cette **grange**	partager	son **royaume**
notre **chalet**	l'**hôpital**	paysan	une **ruine**
votre **demeure**	humain	paysanne	l'**usine**
demeurer	humaine		
leur **domicile**	inviter		

Utilise le tableau *Mes mots* pour effectuer les tâches données aux numéros 1 et 2.

1. Trouve les mots demandés.

   a) Deux noms contenant des consonnes jumelles.

   b) Un nom et un verbe contenant un accent circonflexe.

   c) Tous les noms qui se terminent par un *e* muet.

   d) Un mot contenant un *m* devant un *b* ou un *p*.

   e) Cinq mots dans lesquels on entend le son [ɛ] comme dans *chèvre*.

   f) Trois paires d'adjectifs qui sont aussi des noms.

2. Cherche le mot qui correspond à chacune des définitions suivantes.

   a) Ensemble de pièces faisant partie d'un immeuble résidentiel.

Mes verbes conjugués

SAVOIR			VOIR		
PASSÉ COMPOSÉ			**PASSÉ COMPOSÉ**		
		Participe passé			Participe passé
Personne	Auxiliaire	Radical Terminaison	Personne	Auxiliaire	Radical Terminaison
j'	ai	su	j'	ai	vu
tu	as	su	tu	as	vu
il/elle	a	su	il/elle	a	vu
nous	avons	su	nous	avons	vu
vous	avez	su	vous	avez	vu
ils/elles	ont	su	ils/elles	ont	vu

b) Bâtiment où l'on range le grain, la paille et le foin.

c) Demeure grande et luxueuse d'un roi, d'un chef d'État ou d'un personnage important.

d) Maison de campagne.

3. Crée un nouveau mot en changeant une seule lettre du mot donné. Consulte ton dictionnaire.

Ex.: **ru**ine ⟶ **re**ine

a) gris   b) grange   c) aile   d) roulotte   e) moi

4. À partir du modèle donné ci-dessous, compose au moins trois phrases en remplaçant les mots en couleur.

Léon		une maison		un beau village	près de Québec.
	habite		dans		
Ex.: Elle		un palais		une grande ville	au bord de l'eau.

5. Choisis deux mots du tableau *Mes mots* et compose quelques phrases que tu donneras en dictée aux autres élèves au moment choisi par ton enseignant ou enseignante. Prends le temps de bien vérifier chaque mot et de faire tous les accords nécessaires pour ne laisser aucune faute.

 6. Observe comment sont construits les tableaux de conjugaison de ton manuel (p. 147 à 150). Quels renseignements y trouve-t-on?

7. Dans tes tableaux de conjugaison, cherche le participe passé de chacun des verbes suivants.

a) aimer   c) dire   e) prendre   g) savoir

b) finir   d) faire   f) mettre   h) voir

8. Quel auxiliaire doit-on utiliser pour conjuguer les verbes donnés au numéro 7 au passé composé?

Un dépliant

Crée un dépliant pour faire connaître quelques éléments culturels d'un pays de ton choix. En plus de quelques brefs renseignements généraux sur ce pays, places-y des extraits de chansons ou poèmes, des recettes, quelques mots sur une légende, des illustrations de vêtements, de jouets, etc. Sers-toi de l'ordinateur pour faire tes recherches et pour produire un document original.

Un livre de recettes

Prépare un petit livre de recettes internationales, à ta façon, en collaboration avec d'autres élèves. Ce livret peut avoir une allure différente de ce que l'on voit habituellement. Utilise l'ordinateur pour présenter le texte de façon attrayante, pour dessiner ou pour importer des illustrations (comme des drapeaux), etc. Laisse libre cours à ton imagination.

La lecture interactive

Sur le Web, tu peux trouver des histoires que tu connais et d'autres qui n'ont pas été publiées sous forme imprimée. Comme dans tous les médias, certains contenus sont de très bonne qualité, d'autres le sont moins. Ton enseignant ou enseignante te suggérera des lectures intéressantes à faire en ligne; certaines sont interactives, d'autres sont à compléter, à illustrer... Bonne lecture!

Mes verbes conjugués

Aimer

TEMPS SIMPLES

INDICATIF PRÉSENT				IMPARFAIT				IMPÉRATIF	
Personne	Radical	Terminaison		Personne	Radical	Terminaison		Radical	Terminaison
j'	aim	e		j'	aim	ais		aim	e
tu	aim	es		tu	aim	ais		aim	ons
il/elle	aim	e		il/elle	aim	ait		aim	ez
nous	aim	ons		nous	aim	ions			
vous	aim	ez		vous	aim	iez			
ils/elles	aim	ent		ils/elles	aim	aient			

FUTUR SIMPLE				CONDITIONNEL PRÉSENT		
Personne	Radical	Terminaison		Personne	Radical	Terminaison
j'	aim	erai		j'	aim	erais
tu	aim	eras		tu	aim	erais
il/elle	aim	era		il/elle	aim	erait
nous	aim	erons		nous	aim	erions
vous	aim	erez		vous	aim	eriez
ils/elles	aim	eront		ils/elles	aim	eraient

TEMPS COMPOSÉ

PASSÉ COMPOSÉ

Personne	Auxiliaire	Participe passé	
		Radical	Terminaison
j'	ai	aim	é
tu	as	aim	é
il/elle	a	aim	é
nous	avons	aim	é
vous	avez	aim	é
ils/elles	ont	aim	é

Avoir

TEMPS SIMPLES

INDICATIF PRÉSENT				IMPARFAIT				IMPÉRATIF	
Personne	Radical	Terminaison		Personne	Radical	Terminaison		Radical	Terminaison
j'	ai			j'	av	ais		ai	e
tu	a	s		tu	av	ais		ay	ons
il/elle	a			il/elle	av	ait		ay	ez
nous	av	ons		nous	av	ions			
vous	av	ez		vous	av	iez			
ils/elles	on	t		ils/elles	av	aient			

FUTUR SIMPLE				CONDITIONNEL PRÉSENT		
Personne	Radical	Terminaison		Personne	Radical	Terminaison
j'	au	rai		j'	au	rais
tu	au	ras		tu	au	rais
il/elle	au	ra		il/elle	au	rait
nous	au	rons		nous	au	rions
vous	au	rez		vous	au	riez
ils/elles	au	ront		ils/elles	au	raient

TEMPS COMPOSÉ

PASSÉ COMPOSÉ

Personne	Auxiliaire	Participe passé	
		Radical	Terminaison
j'	ai	eu	
tu	as	eu	
il/elle	a	eu	
nous	avons	eu	
vous	avez	eu	
ils/elles	ont	eu	

Être

TEMPS SIMPLES

INDICATIF PRÉSENT

Personne	Radical	Terminaison
je	sui	**s**
tu	es	
il/elle	es	**t**
nous	somm	**es**
vous	êt	**es**
ils/elles	son	**t**

IMPARFAIT

Personne	Radical	Terminaison
j'	ét	**ais**
tu	ét	**ais**
il/elle	ét	**ait**
nous	ét	**ions**
vous	ét	**iez**
ils/elles	ét	**aient**

IMPÉRATIF

Radical	Terminaison
soi	**s**
soy	**ons**
soy	**ez**

FUTUR SIMPLE

Personne	Radical	Terminaison
je	se	**rai**
tu	se	**ras**
il/elle	se	**ra**
nous	se	**rons**
vous	se	**rez**
ils/elles	se	**ront**

CONDITIONNEL PRÉSENT

Personne	Radical	Terminaison
je	se	**rais**
tu	se	**rais**
il/elle	se	**rait**
nous	se	**rions**
vous	se	**riez**
ils/elles	se	**raient**

TEMPS COMPOSÉ

PASSÉ COMPOSÉ

Personne	Auxiliaire	Participe passé Radical	Terminaison
j'	ai	ét	**é**
tu	as	ét	**é**
il/elle	a	ét	**é**
nous	avons	ét	**é**
vous	avez	ét	**é**
ils/elles	ont	ét	**é**

Finir

TEMPS SIMPLES

INDICATIF PRÉSENT

Personne	Radical	Terminaison
je	fini	**s**
tu	fini	**s**
il/elle	fini	**t**
nous	finiss	**ons**
vous	finiss	**ez**
ils/elles	finiss	**ent**

IMPARFAIT

Personne	Radical	Terminaison
je	finiss	**ais**
tu	finiss	**ais**
il/elle	finiss	**ait**
nous	finiss	**ions**
vous	finiss	**iez**
ils/elles	finiss	**aient**

IMPÉRATIF

Radical	Terminaison
fini	**s**
finiss	**ons**
finiss	**ez**

FUTUR SIMPLE

Personne	Radical	Terminaison
je	fini	**rai**
tu	fini	**ras**
il/elle	fini	**ra**
nous	fini	**rons**
vous	fini	**rez**
ils/elles	fini	**ront**

CONDITIONNEL PRÉSENT

Personne	Radical	Terminaison
je	fini	**rais**
tu	fini	**rais**
il/elle	fini	**rait**
nous	fini	**rions**
vous	fini	**riez**
ils/elles	fini	**raient**

TEMPS COMPOSÉ

PASSÉ COMPOSÉ

Personne	Auxiliaire	Participe passé Radical	Terminaison
j'	ai	fini	
tu	as	fini	
il/elle	a	fini	
nous	avons	fini	
vous	avez	fini	
ils/elles	ont	fini	

Aller

TEMPS SIMPLE			TEMPS COMPOSÉ			
INDICATIF PRÉSENT			PASSÉ COMPOSÉ			
						Participe passé
Personne	Radical	Terminaison	Personne	Auxiliaire	Radical	Terminaison
je	vai	s	je	suis	all	é(e)
tu	va	s	tu	es	all	é(e)
il/elle	va		il/elle	est	all	é(e)
nous	all	ons	nous	sommes	all	é(e)s
vous	all	ez	vous	êtes	all	é(e)s
ils/elles	von	t	ils/elles	sont	all	é(e)s

Faire

TEMPS SIMPLE			TEMPS COMPOSÉ			
INDICATIF PRÉSENT			PASSÉ COMPOSÉ			
						Participe passé
Personne	Radical	Terminaison	Personne	Auxiliaire	Radical	Terminaison
je	fai	s	j'	ai		fait
tu	fai	s	tu	as		fait
il/elle	fai	t	il/elle	a		fait
nous	fais	ons	nous	avons		fait
vous	fait	es	vous	avez		fait
ils/elles	fon	t	ils/elles	ont		fait

Partir

TEMPS SIMPLE			TEMPS COMPOSÉ			
INDICATIF PRÉSENT			PASSÉ COMPOSÉ			
						Participe passé
Personne	Radical	Terminaison	Personne	Auxiliaire	Radical	Terminaison
je	par	s	je	suis	parti	(e)
tu	par	s	tu	es	parti	(e)
il/elle	par	t	il/elle	est	parti	(e)
nous	part	ons	nous	sommes	parti	(e)s
vous	part	ez	vous	êtes	parti	(e)s
ils/elles	part	ent	ils/elles	sont	parti	(e)s

Dire

TEMPS SIMPLE			TEMPS COMPOSÉ			
INDICATIF PRÉSENT			PASSÉ COMPOSÉ			
						Participe passé
Personne	Radical	Terminaison	Personne	Auxiliaire	Radical	Terminaison
je	di	s	j'	ai		dit
tu	di	s	tu	as		dit
il/elle	di	t	il/elle	a		dit
nous	dis	ons	nous	avons		dit
vous	dit	es	vous	avez		dit
ils/elles	dis	ent	ils/elles	ont		dit

Mettre

TEMPS SIMPLE			TEMPS COMPOSÉ			
INDICATIF PRÉSENT			PASSÉ COMPOSÉ			
						Participe passé
Personne	Radical	Terminaison	Personne	Auxiliaire	Radical	Terminaison
je	met	s	j'	ai		mis
tu	met	s	tu	as		mis
il/elle	met		il/elle	a		mis
nous	mett	ons	nous	avons		mis
vous	mett	ez	vous	avez		mis
ils/elles	mett	ent	ils/elles	ont		mis

Pouvoir

TEMPS SIMPLE			TEMPS COMPOSÉ			
INDICATIF PRÉSENT			PASSÉ COMPOSÉ			
						Participe passé
Personne	Radical	Terminaison	Personne	Auxiliaire	Radical	Terminaison
je	peu	x	j'	ai		pu
tu	peu	x	tu	as		pu
il/elle	peu	t	il/elle	a		pu
nous	pouv	ons	nous	avons		pu
vous	pouv	ez	vous	avez		pu
ils/elles	peuv	ent	ils/elles	ont		pu

Prendre

TEMPS SIMPLE			TEMPS COMPOSÉ			
INDICATIF PRÉSENT			**PASSÉ COMPOSÉ**			
Personne	Radical	Terminaison	Personne	Auxiliaire	Participe passé Radical	Terminaison
je	prend	s	j'	ai	pris	
tu	prend	s	tu	as	pris	
il/elle	prend		il/elle	a	pris	
nous	pren	ons	nous	avons	pris	
vous	pren	ez	vous	avez	pris	
ils/elles	prenn	ent	ils/elles	ont	pris	

Venir

TEMPS SIMPLE			TEMPS COMPOSÉ			
INDICATIF PRÉSENT			**PASSÉ COMPOSÉ**			
Personne	Radical	Terminaison	Personne	Auxiliaire	Participe passé Radical	Terminaison
je	vien	s	je	suis	venu	(e)
tu	vien	s	tu	es	venu	(e)
il/elle	vien	t	il/elle	est	venu	(e)
nous	ven	ons	nous	sommes	venu	(e)s
vous	ven	ez	vous	êtes	venu	(e)s
ils/elles	vienn	ent	ils/elles	sont	venu	(e)s

Vouloir

TEMPS SIMPLE			TEMPS COMPOSÉ			
INDICATIF PRÉSENT			**PASSÉ COMPOSÉ**			
Personne	Radical	Terminaison	Personne	Auxiliaire	Participe passé Radical	Terminaison
je	veu	x	j'	ai	voulu	
tu	veu	x	tu	as	voulu	
il/elle	veu	t	il/elle	a	voulu	
nous	voul	ons	nous	avons	voulu	
vous	voul	ez	vous	avez	voulu	
ils/elles	veul	ent	ils/elles	ont	voulu	

Savoir

TEMPS SIMPLE			TEMPS COMPOSÉ			
INDICATIF PRÉSENT			**PASSÉ COMPOSÉ**			
Personne	Radical	Terminaison	Personne	Auxiliaire	Participe passé Radical	Terminaison
je	sai	s	j'	ai	su	
tu	sai	s	tu	as	su	
il/elle	sai	t	il/elle	a	su	
nous	sav	ons	nous	avons	su	
vous	sav	ez	vous	avez	su	
ils/elles	sav	ent	ils/elles	ont	su	

Voir

TEMPS SIMPLE			TEMPS COMPOSÉ			
INDICATIF PRÉSENT			**PASSÉ COMPOSÉ**			
Personne	Radical	Terminaison	Personne	Auxiliaire	Participe passé Radical	Terminaison
je	voi	s	j'	ai	vu	
tu	voi	s	tu	as	vu	
il/elle	voi	t	il/elle	a	vu	
nous	voy	ons	nous	avons	vu	
vous	voy	ez	vous	avez	vu	
ils/elles	voi	ent	ils/elles	ont	vu	

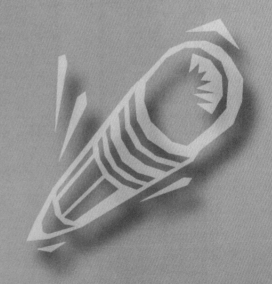

Mes mots

A

abri
abriter
adieu
affaiblir
affaire
âge
âgé
  âgée
agile
agilité
ah!
album
aliment
alimentaire
alimentation
amener
amusement
amuser
animer
à peu près
appartement
  (app.)
arachide
arbitre
arc
arrière
arrivée
arriver
attaque
attaquer
au-dessous
au-dessus
aussitôt
autobus
automobile
autoroute
avancer
aventure
avoine
avouer

B

bagage
baie
bande dessinée
beurre
biscuit

blague
blessé
  blessée
blesser
blessure
bœuf
boisson
boîte
brisé
  brisée
briser
bulle

C

cabane
caché
  cachée
cadre
calmer
camarade
camp
camper
caractère
caractéristique
carie
carnaval
case
casque
céleri
cent
céréale
chalet
chaloupe
chameau
charmant
  charmante
charme
charmer
cheville
Chine
chinois
  chinoise
chou
chute
citrouille

clair
  claire
clarté
clé (ou clef)
colorer
coloriage
colorier
conclusion
concombre
conte
conter
conversation
corps
coup
courage
course
crayon
crayonner
créateur
  créatrice
création
créature
créer
cuisse
culbute

D

d'abord
découpage
découper
découvrir
demeure
demeurer
déplacement
derrière
désert
destination
détour
différent
  différente
dizaine
doigt
domestique
domicile
don
double

douzaine
dragon
drapeau

E

éclair
éclaircir
éclairer
encourager
endroit
énergie
ensemble
environ
épaule
époque
épreuve
équilibre
est (E.)
étage
éternel
  éternelle
étrange
expliquer

F

facile
faible
faiblesse
faim
fantôme
fatiguer
faux
  fausse
fer
fêter
filet
film
filmer
fleuve
force
forcer
frais
  fraîche
français
  française
France

G

galerie
garderie
genou
géographie
gorge
grange
groupe
guerre

H

hauteur
hélas!
hôpital
humain
    humaine
humeur
humour

I

imaginaire
imagination
important
    importante
impossible
intéressant
    intéressante
intéresser
introduction
inviter

J

juge
jugement
juger

L

là-bas
lancer
langue
lèvre
libre
logement
loisir
longtemps
lorsque
lutin

M

machine
magasiner
malheur
manger
médecin
médicament

melon
mener
merveille
merveilleux
    merveilleuse
mettre
mille
million
minuit
misère
mission
mode
motoneige
muscle

N

nager
nageur
    nageuse
naître
neiger
nombre
nommer
nord (N.)
nourrir
nourriture

O

oh!
ombre
ordinaire
original
    originale
orteil
où
ouest (O.)

P

palais
pâle
parc
parent
    parente
partager
passage
patin
patinage
patiner
patinoire
paysage
paysan
    paysanne

pédaler
pensée
penser
personnage
peuple
peur
phrase
plaine
plan
planche
plateau
plongeon
plonger
plusieurs
poignet
poison
position
possible
poumon
précis
    précise
préciser
prendre
prénom
prochain
    prochaine
proche
promenade
propriétaire
propriété

Q

Québec
québécois
    québécoise
quelquefois
quitter

R

radio
raisin
ralentir
ramener
rapide
rapidement
rapidité
reculer
regard
regarder
région
règlement

remonter
repos
respiration
respirer
restaurant
riz
roulotte
royaume
ruine
ruisseau

S

santé
satisfait
    satisfaite
saut
seau
seigneur
sentier
se poser
se reposer
ski
soif
soigner
sot
    sotte
soudain
sud (S.)
suite

T

tabac
téléphone
télévision
terminer
tout à coup
train

U

usine

V

valeur
vallée
ventre
viande
vignette
vitesse
voix
vol
volonté
voyageur
    voyageuse

W

wagon

Mes stratégies de lecture

AVANT ma lecture

► Je me demande pourquoi je lis ce texte (pour m'informer, pour me divertir, pour me faire une opinion...).

► Je me demande quelle est ma tâche (répondre à des questions, réaliser un projet, faire une recherche...).

► Je survole le texte pour savoir quel genre de texte je vais lire (un récit, une recette, un poème...). Je regarde le titre, les intertitres, les illustrations.

► Je fais des prédictions sur le texte.

PENDANT ma lecture

► Je cherche le sens d'un mot:
  - je cherche des indices dans le mot;
  - je regarde autour du mot;
  - je cherche des mots de la même famille;
  - j'utilise les illustrations;
  - je consulte le dictionnaire.
Je vérifie si ce mot a du sens dans la phrase.

► Je cherche le sens des phrases:
  - j'utilise la ponctuation pour découper une phrase en petites unités de sens;
  - je lis par groupes de mots;
  - je fais des hypothèses sur le sens de la phrase en fonction de l'ensemble du texte.
Pour comprendre une phrase difficile, je relis la phrase précédente et la phrase qui suit ou je ralentis ma lecture.

► Je cherche le sens du texte:
- je m'arrête pour résumer ce que je viens de lire et pour faire des hypothèses sur la suite du texte;
- j'observe les illustrations, les schémas, les tableaux;
- j'utilise certains indices pour reconnaître les liens entre les phrases (marqueurs de relation, pronoms, synonymes...).

► Je me rappelle régulièrement pourquoi je lis.

► J'essaie de reconnaître les renseignements et les passages qui me seront utiles.

APRÈS ma lecture

► Je réagis au texte.

► Je reviens sur mon intention de lecture (pourquoi j'ai lu ce texte) et je réalise la tâche demandée.

► J'explique ma démarche.

► J'évalue les stratégies que j'ai utilisées pour m'aider à comprendre le texte.

Index des notions grammaticales

Les nombres en **caractères gras** renvoient aux pages du manuel où l'on trouve la définition d'une notion (*Je comprends*).

Sources iconographiques

Légende : (H) Haut – (B) Bas – (G) Gauche – (D) Droite – (C) Centre

p. V (rideau et aussi p. VI,
2-3, 52-53, 100-101),
19, 73, 81, 82   © PhotoDisc.
p. 1 (crayon)   © Creativ Collection.
p. 2 (chevalet et aussi
p. 52, 100), 43-45   © Artville.
p. 2 (tableau)   Archibald Thorburn (1860-1935), *Arthur Duke of Wellington*. © Superstock.
p. 11   Reproduit avec la permission de Nicole Lambert.
p. 12(H)   Boule et Bill : reproduit avec la permission des Éditions Dupuis. © SPRL, Jean Roba, 1978 by Roba.
p. 20   Reproduit avec la permission des Éditions Casterman. Derib et Job, *Yakari et l'étranger*, p. 29. © Casterman, 1982.
p. 21   Plume : © Roger Pelletier, archéo-ethnologue. Amérindien : *Akisa (He Who Yells), Sioux.* © 1913. H.W. Gauld, Brandon/ Archives nationales du Canada, PA 30022.

p. 36, 37, 54, 70, 72, 89,
90, 91, 99, 117, 118, 119,
120, 121, 135, 137, 141, 146   © Élise Guévremont.
p. 46, 55, 61, 79   © Digitalvision.
p. 48   © Paul Noll.
p. 49   © Claude Roethlisberger.
p. 50   © Phil Aylward.
p. 52   Edgar Degas (1834-1917), *Danseuse pendant le repos.* © Superstock.
p. 63   Œuvre de France Raymond D'Aragon, *5 cerises au soleil.*
p. 66   © Michel Tremblay/Jardin botanique de Montréal.
p. 74   Photo prêtée par Nicolas Gill.
p. 78   Robert Delaunay (1885-1941), *Les coureurs.* © Superstock.
p. 100   Carl Spitzweg (1808-1885), *Le rat de bibliothèque.* © Superstock.
p. 118   Création de Cheikora Giarra, 15 ans. Objet prêté par le Club 2/3.
p. 122   Photo prêtée par Grégory Charles.
p. 126   Leslie Xuereb, *Le dragon.* © Superstock.
p. 128   © Laurent Huard.
p. 131   © Bognard/Megapress.
p. 132   © Bernard Cloutier.
p. 137   © Mark McCaughrean.
p. 146   Création de Mamadou Ndaye Guége. Objet prêté par le Club 2/3.

Merci à Sarah Louise Chevalier (p. 89), Stéphanie Gaudet (p. 99), Philippe Lefebvre (p. 70, 91), Valérie Perreault (p. 90) et Charles Wallingford (p. 99) qui ont accepté de se prêter au jeu de notre photographe.

Illustrations et bricolages

Sylvie Arsenault
p. 115, 123

Hélène Belley
symbole atelier, p. 25, 107, 117, 119

Mélanie Chalifour
tous les symboles (sauf atelier) et p. 127

Nicolas Debon
p. 41-42, 56-59, 76-77, 102-103, 109, 144

Tristan Demers
p. 12(B), 13

Christiane Gaudette
p. 133

Martin Gonneau
p. 40

Geneviève Guérard
p. 89-91

Steeve Lapierre
p. 22-23, 98, 142

Stéphane Lortie
Sarah, Félix et p. 8, 15, 71, 86, 129, 134-140

Josée Masse
le lièvre, la tortue, la bande verticale du dossier culturel et p. 68, 80

Paule Thibault
p. 51, 83-84, 93, 110, 125